incurable, frente a Alemania; una confianza sin reservas respecto a Moscú y sobre todo una falta de confianza en nosotros mismos. Estamos luchando contra ese triple complejo y, podéis estar seguros, la victoria será nuestra.

Ciertos círculos están obsesionados por el peligro de una Alemania cada vez más poderosa; se están dejando seducir por el canto de sirenas que trata de conseguir que olvidemos la existencia de un totalitarismo agresivo y en rápida expansión. Precisamente porque Alemania está ahora abierta a una nueva orientación y está deseando sinceramente aceptarla, nosotros queremos construir con ella y con otros países una Europa pacífica y libre, en la que cada uno en interés de todos sea capaz de demostrar sus plenos valores y de dar satisfacción a sus legítimas ambiciones.

Os he comentado los progresos que hemos hecho ahora en las relaciones franco-alemanas; se están derrumbando día tras día las barreras que ha levantado el pasado entre ambos países. Ya no tiene utilidad la utilización del nacionalismo antialemán, que se ha convertido en un anacronismo. El neonacionalismo comunista está buscando en vano reavivar los viejos sentimientos de rencor y odio. Encuentra poca respuesta en los demás partidos. Aunque muchos partidos están divididos en sus opiniones sobre la CED, la mayoría de ellos están a favor de Europa. Todo el mundo desea ser un buen europeo. Todo lo que se necesita realmente para llegar a serlo es superar ciertas antipatías, ciertos escrúpulos, de los que os he hablado. Esto será el resultado de los debates parlamentarios que van a comenzar sin demora.

Francia —es decir, la gran mayoría de sus ciudadanos— sabe que nada constructivo va a ganar de un comunismo cuyo objetivo y razón de existir es la desintegración de la actual estructura social y económica, la ruptura de las alianzas políticas que son la garantía de la paz y de nuestra seguridad.

Los jóvenes son los últimos en ser tentados por estos sofismas. Saben que su futuro queda en sus propias manos y que sólo pueden construirlo en común con los otros países libres. La idea europea interesa a todos los jóvenes europeos —enemigos o aliados, neutrales o beligerantes, refugiados que han sido expulsados por los regímenes totalitarios, desempleados que necesitan mayores oportunidades— todos ponen sus esperanzas en una solidaridad organizada.

La vocación real de Francia siempre ha estado en su influjo espiritual mucho más que en el poder militar o en la supremacía económica. Ella aportará a una Europa unida la levadura de sus ideas y la riqueza de su cultura. Alemania sabe y repite una y otra vez que Europa no se puede hacer sin Francia, y mucho menos contra ella.

Por primera vez en mil años, se nos ha dado la oportunidad de reconstruir Europa espiritual y materialmente, una oportunidad excepcional, es evidente, que no tendremos de modo indefinido. Esta Europa, organizada y purificada, se convertirá una vez más, como la comunidad atlántica, en factor de equilibrio y de paz, en un mundo amenazado por la anarquía, precursora de la dictadura.

Integración europea y Alianza Atlántica*

Habremos de comenzar poniéndonos de acuerdo sobre la palabra «integración». Este vocablo entró en nuestra terminología política por primera vez hace diez años. Contiene todo un programa que debemos a nuestros amigos americanos. Es una de sus aportaciones; una aportación por la que tenemos que estarle agradecidos, como por el plan Marshall y, sobre todo, por nuestra propia liberación. En 1949, se trataba de situar las fuerzas de la Alianza Atlántica bajo un mando supremo único. Ese mando se confió entonces al general Eisenhower que tenía, bajo sus órdenes, el conjunto de los ejércitos que liberaron Europa de la tiranía hitleriana. La palabra «integración» tenía para nosotros, en primer lugar, un sentido de disciplina y organización militar. Por la experiencia de la Primera Guerra Mundial sabíamos qué importancia tenía el confiar a un solo hombre la responsabilidad de organizar y dirigir tropas de nacionalidades diversas.

* Conferencia pronunciada en la Universidad de Virginia, el 31 de marzo de 1958.

Quizás podría la Francia actual, lo digo de pasada, hacer lo mismo, confiando a un hombre o a un equipo muy restringido el poder temporal de reformar sus instituciones políticas, que unánimemente se reconocen defectuosas. Perdonen esta reflexión incidental y probablemente imprudente.

En cuanto a la alianza de 1949, que llamamos Pacto Atlántico, tuvo de particular que su puesta en marcha se realizó ya en tiempos de paz. Esta vez no se esperó al estallido de la guerra. La seguridad de las naciones europeas nos parecía gravemente amenazada. En efecto, a final de 1947, el acuerdo de los cuatro aliados sobre Alemania se rompió; no llegó a reestablecerse entre 1947 y 1949. Los ejércitos occidentales fueron desmovilizados, el material de guerra vendido, los soldados volvieron con sus familias y no se reemplazaron. El servicio militar obligatorio no fue restablecido. Por contra, el ejército soviético había mantenido bajo las armas la mayoría de sus divisiones, con sus efectivos y equipamientos. El bloqueo de Berlín decretado por Rusia en 1948 tenía, como clara finalidad, impedir nuestra presencia en la capital alemana. Si los Aliados hubieran cedido, toda Alemania, región tras región, hubiera sido entregada a la ocupación soviética. Los tanques de Stalin se encontraban a menos de 200 kilómetros de la frontera francesa. Tal desequilibrio de fuerzas constituía un peligro creciente para la paz y la libertad, en una Europa parcelada y mutilada.

En estas condiciones, los cinco países del Pacto de Bruselas de marzo de 1948, o sea Francia, Gran Bretaña, Bélgica, los Países Bajos y Luxemburgo, propusieron a los Estados Unidos de América y a Canadá la creación de una alianza entre 12 países europeos agrupados alrededor del océano Atlántico. Esta alianza, puesta en pie y organizada en tiempos de paz, era estrictamente defensiva. El Pacto fue firmado el 4 de abril de 1949 en Washington. El ejército atlántico se formó con fuerzas terrestres, navales y aéreas aportadas por los países aliados. Su mando fue asegurado por oficiales de cada país; pero ellos, como sus tropas, se encontraban bajo la autoridad de un único jefe designado de común acuerdo. De esta manera la integración militar, es decir la unidad de disciplina y estrategia, se cumplía. Gracias a ella se mantuvo la paz en Europa durante nueve años.

Pero esta integración no era completa. Le faltaba la unidad en las decisiones de orden político. Cada país quedaba en libertad para fijar la importancia de su contribución en hombres y dinero. No se pudo o no se osó confiar a un hombre o a un órgano colegiado, que decidiera por mayoría, la responsabilidad de decidir la parte de sacrificio que tendría que soportar cada cual y qué uso se haría de las fuerzas comunes. Los países atlánticos no estaban, y no lo están todavía, maduros para una integración política. La idea de soberanía nacional ha sido más fuerte que la idea de solidaridad internacional. Ésta es la debilidad de las democracias frente a los regímenes totalitarios; éstos tienen a la vez unidad de voluntad y unidad en la ejecución. Todavía podemos constatar esto actualmente cuando se trata de instalar rampas de lanzamiento para armas nucleares. El Tratado deja a cada país la facultad de aceptarlas o rechazarlas.

Se entiende, en cierta medida, que en tiempo de paz la integración no se pueda practicar en el ámbito militar; se trata, en efecto, de exponer vidas humanas que son el bien más preciado. Sin embargo la integración se admitió cuando se trató de una organización económica, en el marco de Europa. Por primera vez en la historia, hemos conseguido que se acepte el principio de las decisiones mayoritarias, dentro de una comunidad de intereses establecida entre Estados independientes. Por el contrario, el intento hecho en el Consejo de Seguridad de la ONU para adoptar medidas destinadas a salvaguardar la paz amenazada, terminó con un fracaso; la causa fue el uso abusivo del derecho de veto.

En mayo de 1950, el gobierno francés propuso confiar la alta dirección de las dos industrias clave, la del carbón y la del acero, a una autoridad independiente, dentro de límites fijados por un tratado. Éste se convino con una duración de 50 años. Las decisiones de esta Alta Autoridad, con sede en Luxemburgo, se imponen a los Gobiernos y Parlamentos nacionales. Las decisiones de la Alta Autoridad tienen fuerza de ley, es decir poseen un carácter supra-nacional. Se trata de una auténtica integración, o sea de una voluntad que se puede expresar a través de la mayoría de los votos y que ya no está sometida al principio de la unanimidad. El sistema se adoptó por los seis países que se asociaron sobre esa base: Francia, Alemania, Italia y los tres países del Benelux. Cuentan con una población total de más de 160 millones de habitantes. Dicha comunidad funciona desde hace más de cinco años sin ninguna dificultad. Una corte de justicia vigila la estricta observancia de los principios enunciados por el tratado, en materia de precios, de competencia libre y leal. Aplica una legislación antitrust, que fue la primera en Europa.

En el año 1957 a esa comunidad del carbón y del acero se añadieron los dos tratados de Roma. Éstos instituyeron primero entre estos seis mismos países una comunidad para la explotación pacífica de la energía atómica, llamada «Euratom». Seguidamente otra comunidad que abarca al conjunto de la actividad industrial y agrícola, la Comunidad Económica Europea. No se trata, respecto a esta última, de una simple unión aduanera sino de una verdadera unión económica, cuyo fin es la aplicación de una política económica común entre esos seis países. Confiamos en que las poblaciones adheridas a ella podrán así trabajar y prosperar en condiciones comparables a las de los habitantes de Estados Unidos. Tendrán una producción liberada de cualquier obstáculo arbitrario, con libre circulación de bienes, capitales, hombres y servicios. Además disfrutarán del libre acceso a todos los recursos en materias primas y en productos manufacturados, en condiciones comparables de precios, salarios y gastos de transporte. Así Europa dejará de ser un campo de batalla entre competidores rivales y será un mercado único en el que se organizará una competencia constructiva y una división racional del trabajo. Ya no se admitirán distinciones, privilegios, en función de la nacionalidad de las partes.

De esta forma habremos realizado una integración europea real y completa en el ámbito económico.

¿Podrá la integración superar este nivel y llegar a conocer acuerdos por decisiones mayoritarias en el orden político? Esto último será en todo caso más delicado y, en consecuencia, más lento.

No hay que olvidar, en efecto, que los estados europeos han sido hasta aquí estados soberanos, es decir plenamente independientes, celosos y orgullosos de esta independencia. Han sostenido en su mayoría largas luchas y a un alto precio por su libertad, a veces durante generaciones, incluso durante siglos. Otros estados, como Alemania e Italia, han obtenido su unidad después de una separación larga y penosa. Es comprensible que sientan repugnancia al abandonar voluntariamente el fruto de esos esfuerzos para someterse a la voluntad ajena. El abandono de la soberanía en provecho de una asociación de estados, de una voluntad colectiva que se pronuncia por mayoría, comporta un riesgo: uno ya no es dueño de su casa.

La duda es todavía más explicable cuando entre los estados confederados se encuentran antiguos enemigos que se enfrentaron en una larga y espantosa guerra, en una nueva guerra de treinta años, entre 1914 y 1944. Tal integración puede sentirse como una abdicación y como una aventura. Sin embargo, Francia se atrevió a proponerla y a hacerla aceptar.

Las razones de la proposición francesa fueron múltiples:

1º El peligro comunista que obligó a los antiguos antagonistas a reconciliarse frente a un adversario común.

2º Nuestra voluntad de impedir la vuelta periódica de ese mal que fue, desde hace siglos, la guerra crónica en Europa. Queríamos poner un término definitivo a una amenaza de conflagración general, que no solamente era una locura sino que se había convertido en un riesgo de suicidio para Europa y para la humanidad entera. Era necesario conseguir apagar, de una vez por todas, ese foco permanente de incendios.

3º Restaurar nuestras fuerzas malgastadas durante dos guerras sucesivas; es decir poner orden en nuestros asuntos económicos. Por eso hemos escogido para el inicio de nuestra experiencia el ámbito de nuestra actividad económica. Nuestro primer objetivo ha sido una organización más racional de nuestra producción, creando entre los productores una asociación de confianza y una colaboración permanente.

Esta vez no bastaban promesas de paz, afirmaciones solemnes de buena fe y de buena voluntad. En una democracia los hombres y las mayorías cambian con demasiada facilidad para que se pueda establecer sólidamente el porvenir sobre declaraciones de principios. La masa sufre y sigue la fluctuación de los intereses y de las pasiones. Había que empezar, pues, edificando diques más sólidos que barreras de papel y sentimientos, aún sinceros. Europa debía construirse alrededor de un núcleo sólido capaz de resistir las continuas tentaciones de querella y desorden. Hemos elaborado comunidades con reglamentos netamente definidos que se superponen y se ensanchan gradualmente como anillos concéntricos; primero el del carbón y el del acero, luego el de la energía atómica y finalmente una comunidad general reuniendo el conjunto de la producción industrial y agrícola. Tales asociaciones tenían, cada una en su ámbito, un programa elaborado y ejecutado en común. Una disciplina común se estableció según unas reglas que solamente se pueden modificar por una decisión unánime. Toda violación está corregida por sanciones, multas u otras medidas, dictadas o por una corte de justicia independiente o por otra organización estatuaria. Cada país y cada explotación deben someterse de antemano a sus decisiones; ni los propios parlamentos nacionales pueden rechazarlas.

En este marco de cooperación y disciplina hemos podido, en primer lugar, resolver el problema de las relaciones franco-alemanas. Fue el primer resultado tangible. Ya en 1950 nuestro objetivo esencial fue conseguir que un conflicto entre estos dos países fuera no solamente imposible sino impensable. Efectivamente, pudimos resolver en unos años todos los problemas particulares que hasta entonces habían envenenado nuestras relaciones, la Ruhr y el Sarre. Un clima de confianza y plena comprensión sustituyó a los viejos resentimientos y a las sospechas estériles.

Es la cúspide de una integración verdadera, que se ha convertido en una realidad viva. Alrededor de Francia y Alemania reconciliadas, estamos caminando hacia una estructura federal de Europa. Una autoridad común estará situada por encima de las diversas voluntades nacionales. Desde este momento no estaremos más que a un paso de llegar a un parlamento y a un ejecutivo federales. Este paso, es verdad, no será fácil. Nos encontramos inmersos en una evolución impulsada por la lógica de nuestras ideas, pero frenada por la rutina, por obstáculos psicológicos muy comprensibles y, sobre todo, por los prejuicios de un nacionalismo que rechaza el abandono de su soberanía. Actuamos a menudo bajo la presión de los acontecimientos; actuaremos por etapas sucesivas. La vía de Europa está definitivamente abierta pero encontrará dilaciones, obstáculos y contragolpes que, a pesar de todo, no nos desviarán de la meta final.

En el difícil camino hacia Europa, nos encontramos hoy con un problema particularmente dramático: el de los territorios de ultramar.

Después de la última guerra, Francia ha abandonado la política llamada colonialista. En su Constitución de 1946 intentó definir bajo la forma de Unión Francesa sus nuevas relaciones con las antiguas colonias. El colonialismo ha sido definitivamente arrojado por la borda. No debe subsistir la menor duda a ese respecto. No hay y no habrá más explotación de un territorio y de su población en provecho de los colonos y de la metrópoli. La metrópoli debe ponerse al servicio de la población autóctona. Francia ha reconocido solemnemente su deber de encaminar las poblaciones de las cuales se hizo cargo hacia la libre gestión de sus propios asuntos. Su tarea actual, pues, se ha convertido en una obra de educación social y política. Se puede discrepar en cuanto al ritmo y a la rapidez de esta evolución. El principio ya no se discute. En África negra ya están constituidas asambleas electivas y gobiernos locales. Todavía quedan algunas dudas sobre sus atribuciones en relación con el poder central; se busca una conciliación dentro de los límites de los poderes respectivos. Lo importante es el hecho de que la situación de antigua subordinación esté superada con creces para dejar lugar a una cooperación de igual a igual en el marco de una asociación o de una federación. Quizás todavía estén los contornos algo indefinidos. En la edificación del nuevo régimen existen necesariamente titubeos de carácter empírico. Se votaron leyes-marco para esbozar nuevas formas. Lo esencial y lo irrevocablemente conseguido es la transformación de la antigua tutela en un lazo de carácter nuevo a base de libertad y de confianza.

En unos años, Francia ha concedido la independencia completa a los dos antiguos protectorados de Marruecos y Túnez. Dejó Indochina, limitando allí su acción al ámbito cultural. Hizo lo mismo con sus posesiones enclavadas en la India. Su conducta en todas partes ha estado en función del desarrollo político y técnico de cada territorio.

El estatuto más difícil de elegir es el de Argelia. Desde 1830, este territorio dejó de ser un Estado; desde hace 128 años está integrado política y administrativamente en la metrópoli francesa en forma de tres departamentos. La transición de este régimen de asimilación jurídica a un régimen de autonomía es todavía más complicada en cuanto que, en este territorio, nueve millones de musulmanes viven al lado de un millón doscientos mil europeos. El problema argelino reside en la necesidad de hacer coexistir, en concordia y libertad, estas dos comunidades distintas e inasimilables. La dificultad principal en la elección de un régimen nuevo, fundamentalmente distinto del antiguo, es encontrar representantes cualificados para hablar en nombre del conjunto de una población muy diversa. El método natural y democrático exigiría elecciones libres; así encontraríamos interlocutores. Pero el espantoso terrorismo que se ha instalado allí, y allí se alimenta, hace imposible actualmente cualquier consulta popular. La finalidad de este terrorismo es precisamente la intimidación, que impide la libre expresión de la voluntad. Francia tendrá que perseverar sin descanso en su voluntad de restablecer un clima de serenidad, condición primera para la paz interior y para la instauración de un régimen democrático.

Al fijarnos este objetivo, nos encontramos a la vez con las preocupaciones de orden atlántico. Si el problema argelino es jurídicamente de carácter interior francés, sabemos que el interés francés coincide con el de nuestra alianza atlántica. Argelia, desde el principio, es decir desde el año 1949, es parte de los territorios a los cuales se aplica la garantía del Pacto; por lo tanto este territorio está, por pacto, protegido contra todo ataque del exterior. Pero un ataque puede venir, con más posibilidades de éxito, de una subversión interna, sostenida y dirigida desde fuera. Es el método que emplean, cada vez más, los movimientos revolucionarios. Esto ocurrió en concreto en los países de Europa central. ¿Cómo podrá en estas condiciones ser salvaguardada la integridad del área atlántica? ¿Cómo impedir su desintegración por una violencia en crecimiento y sabiamente organizada? Francia conserva la responsabilidad de la elección de las reformas y de un régimen nuevo, que deberán ser aceptados por las poblaciones interesadas. Pero los aliados atlánticos tienen un interés común en impedir que las posiciones francesas en África del Norte pasen a manos de un tercero, si éste es hostil a Europa y a los intereses occidentales. Los intereses particulares de Francia se confunden con los de Europa y con los de la Alianza Atlántica. Abandonar Argelia sin garantía efectiva para el conjunto de sus intereses sería una deserción. No podemos dejar instalarse la anarquía en lugar de la antigua subordinación. No podemos entregar una parte de la población a la masacre y a las represalias. Nuestro honor y nuestras responsabilidades lo impiden. El mundo occidental está actualmente amenazado, no tanto por una guerra de carácter tradicional sino por la rebelión y el terrorismo. Argelia es una posición clave. Si se perdiese, Europa entera quedaría rodeada por el sur y de algún modo asediada. Quedaría cortada de sus vías de comunicación y de sus fuentes de abastecimiento. El corredor del Mediterráneo, vital para Europa, estaría controlado por fuerzas hostiles. El Mediterráneo es uno de los pulmones de Europa que, sin el libre uso de esta vía, se vería ahogada. La suerte del mundo libre, en su conjunto, sigue jugándose en los asaltos repetidos que la Alianza Atlántica, la Alianza de Bagdad y la Alianza del Sureste asiático tienen que contener y rechazar.

Argelia y África del Norte son un sector del inmenso frente de ataque dirigido contra el mundo libre. El nacionalismo árabe es un caldo de cultivo, quizás inconsciente, del comunismo mundial. Éste saca provecho de todas nuestras divisiones y de todos nuestros errores. Los europeos, si quieren sobrevivir, tendrán que construir, en todas las partes donde les sea posible, un mundo mejor, es decir un mundo más justo dentro de la libertad y de la dignidad humana. Tendrán que combatir la miseria en los países subdesarrollados y apoyar la educación política de los pueblos jóvenes que aspiran a la independencia. Todo esto exige actuar con un gran desinterés y una generosidad sin reserva.

En 1793 los revolucionarios franceses levantaron postes cerca de Estrasburgo con la siguiente inscripción: «Ésta es la frontera de la libertad». Era la época de Washington y de La Fayette. Hoy esa frontera de la libertad está en movimiento; atraviesa cada uno de nuestros países de Europa e incluso otros continentes. La libertad está amenazada en todas partes. Para salvarla son necesarias alianzas defensivas que protejan los países todavía libres; cada vez son menos numerosos. Y sobre todo hace falta una acción preventiva y constructiva que pare la desintegración lenta de nuestras fuerzas materiales y de nuestras energías espirituales. Para conseguirlo Europa necesita el apoyo de todos los países originarios de la misma civilización occidental, siendo solidarios desde ambos lados del Atlántico frente a una misma amenaza que cada día se precisa más. Este peligro, amigos americanos, es por lo menos tan temible como el que representan las armas nucleares: se ataca a nuestro espíritu y a nuestras almas, es decir a lo más profundo de nuestro ser.

Europa es una Comunidad Espiritual y Cultural*

Desde el principio, el Consejo de Europa definió así sus objetivos (Art. 1º de su Estatuto):

«Realizar una unión más estrecha entre sus (Estados) miembros, con el fin de salvaguardar y de promover los ideales y principios que son su patrimonio común y favorecer su progreso económico y social».

La unidad espiritual ha sido inscrita como una verdad primordial que justifica la acción emprendida en común. Esa verdad debe inspirar y guiar toda la política europea. Debe pues estar presente en todos los espíritus, tanto en el pueblo como en sus dirigentes. ¿Cómo conseguirlo?

Este género de convicción no se decreta; debe adquirirse por la reflexión y consolidarse con la práctica. Por lo tanto, es necesario un método particularmente apto para ese fin. El Consejo de Europa lo ha tomado de una tradición inglesa. La idea de la «Mesa Redonda» es de ori-

---

* En octubre de 1953 se celebró en Roma, bajo los auspicios del Consejo de Europa, una «Mesa Redonda de Europa» dedicada al «problema espiritual y cultural de Europa considerada en su unidad histórica y los medios para expresar esa unidad en términos contemporáneos». Robert Schuman, que participó en esta conferencia, hace su análisis en el texto que sigue.

gen novelesco, pero se ha mostrado de una enorme eficacia en la búsqueda de soluciones constructivas concretas.

Fue la escogida por el Comité de los expertos culturales del Consejo de Europa, que partiendo de una iniciativa británica, sugirió convocar en Roma, en octubre de 1953, una «Mesa Redonda de Europa», con el fin de estudiar el problema espiritual y cultural de Europa «considerada en su unidad histórica, y examinar los métodos adecuados para difundir en Europa y en el mundo el conocimiento de la idea de unidad europea». Se trataba pues de reflexionar en común sobre un tema complejo por la diversidad de las experiencias y de las condiciones psicológicas que se dan en cada uno de los países de Europa. Tomar conciencia de lo que une y de lo que diferencia; dar a conocer y hacer admitir a la opinión pública las conclusiones a las cuales se llegaría; en definitiva, preparar el camino para una acción constructiva, cuyo programa sería llevado a cabo más adelante por otras instancias.

Un método idéntico se acaba de adoptar por la Conferencia de Sao Paulo, convocada por la UNESCO en agosto de 1954, para el estudio de las relaciones entre Europa y el Continente Americano.

La composición de la «Mesa Redonda» se adapta a este tipo particular de tarea. Las conferencias habituales en las cuales se toman decisiones de carácter unánime son esencialmente paritarias, con representación de cada país interesado. Sin embargo, aquí, la elección de los miembros se hace *intuitu personae;* están, no como delegados de sus países, sino en razón de su particular competencia personal. Éramos siete, designados por el Consejo de Europa: tres profesores (Toynbee, Kogon, Loefstedt), un diplomático (Van Kleffens, actual presidente de la Asamblea de Naciones Unidas), dos políticos (el difunto presidente De Gasperi y yo mismo), y una persona neutra como «director de los debates» (el suizo, De Rougement).

Al lado de estos miembros propiamente dichos, estaban presentes quince publicistas, uno por cada país miembro del Consejo de Europa, y diez expertos pertenecientes al Comité Cultural permanente de Estrasburgo. Tenían como misión el estudio de los medios para que cada uno difundiese, en su país, las conclusiones de la Mesa Redonda, o la preparación en común de los proyectos destinados al Consejo de Europa para la ejecución de estas mismas conclusiones. La Mesa Redonda debía así orientar las iniciativas futuras.

Los trabajos no tenían nada de espectacular; en principio los miembros de la Mesa Redonda celebraban solos sus sesiones, excepcionalmente en unión de los expertos; todas esas reuniones de estudio evitaban la publicidad. Sólo dos reuniones semi-públicas, al principio y al final de cada sesión, servían para informar a la prensa y a un auditorio algo más amplio del objeto y de las conclusiones generales de los trabajos, conclusiones que fueron finalmente resumidas en un comunicado final y comentadas en los discursos de clausura. No me compete desarrollarlas aquí en todos sus detalles; ello excedería los límites de un anuario. Me limitaré a esbozar algunas perspectivas de futuro, o sea los medios para traducir en hecho, por la acción y en las instituciones, las ideas y sugerencias de la Mesa Redonda.

Hace falta, en primer lugar, que los europeos tomen conciencia de lo que los une. Las brillantes ponencias históricas que nos presentaron a este respecto fueron a la vez una revelación y una fuente de emociones. La elección de Roma como sede de la Mesa Redonda tenía una significación. Queremos volver a una unidad como la que existió en el pasado bajo la égida de Roma, pagana primero, cristiana después. Esa unidad se deshizo como consecuencia de la emancipación del pensamiento, del maquinismo y del progreso técnico. La Europa dividida no ha sabido dar al mundo contemporáneo el «mensaje espiritual» que necesitaba. Se trata de saber si Europa podrá ocupar otra vez el sitio que ocupó en el pasado; saber si podrá orientar la evolución de la humanidad, no por medio de una hegemonía de poder militar o económico, sino por el esplendor de su espíritu. Este espíritu se tiene pues que afirmar, tomando conciencia de un patrimonio común, específicamente europeo y teniendo la voluntad de salvaguardarlo y desarrollarlo, será una reacción contra el exceso de especialización; buscará una síntesis no en lo abstracto sino en las múltiples realidades, nuevamente valoradas; volverá a elevar el nivel de los conocimientos generales. La máquina y el descubrimiento científico, en lugar de esclavizar y degradar al hombre, le proporcionarán nuevos medios para su desarrollo y para su liberación de la materia.

En esta tarea, Europa tendrá que defenderse y defender al mundo entero de la invasión del totalitarismo y del materialismo que despojan al hombre de su personalidad. Ahora bien, la persona es «el instrumento esencial del progreso social»; si la colectividad debe desempeñar un papel extremadamente importante en la sociedad contemporánea, su acción tendrá que ser supletoria, no excluyente; su papel es ayudar al individuo sin anularlo.

Europa volverá a hacerse un alma en la diversidad de sus cualidades y de sus aspiraciones. La unidad de los conceptos fundamentales se concilia con la pluralidad de las tradiciones, de las convicciones y con la responsabilidad de las iniciativas personales. La Europa contemporánea deberá constituirse por esta coexistencia, que no será un simple conglomerado de naciones rivales, periódicamente hostiles, sino una comunidad de acción libremente concertada y organizada.

De allí derivará, por una parte, una revisión de nuestro concepto de soberanía. Dice de ello el comunicado final:

«La noción tradicional de la soberanía absoluta de los estados-naciones ha sido concebida y desarrollada durante el apogeo de la expansión europea en el mundo. Hoy las decisiones políticas y militares que unen Europa y determinan, en gran medida, su porvenir no están ya enteramente entre las manos de los estados europeos, quienes, aun conservando las apariencias de la soberanía, han perdido mucho de su sustancia. Para recobrar progresivamente su verdadera soberanía, ciertos estados europeos están llamados a agruparse en comunidades supranacionales con objetivos específicos».

De otra parte, Europa se vio obligada a revisar sus relaciones con las poblaciones de ultramar que anteriormente estaban bajo su tutela. Estas relaciones evolucionan rápidamente hacia una asociación e igualdad de derechos. Para compensar el empobrecimiento de los estados colonizadores al emanciparse los territorios coloniales, sólo una unión económica europea podrá salvar las economías nacionales así amputadas, al tiempo que hará subir el nivel de vida de las poblaciones, facilitándoles la expansión de la producción y la circulación de bienes.

Al conseguir, de esta forma, extraer los elementos fundamentales de la Comunidad Europea y fijar los objetivos de su unificación, fue menester que la Conferencia de la Mesa Redonda se plantease los medios prácticos que permitiesen alcanzar resultados concretos. Examinó, pues, sin perderse en detalles, las vías de construcción de Europa con vistas a una acción eficaz y duradera con el espíritu que le queremos imprimir.

Observamos, en primer lugar, que se puede proceder por etapas, en sectores psicológicamente maduros y cuyas facilidades técnicas particulares hacen prever un resultado inmediato. Sin embargo, no éramos siempre los dueños de las opciones a tomar ni del grado de urgencia de los problemas.

A continuación era necesario preparar las mentes para que aceptaran las soluciones europeas, a la vez que en todas partes hubo que combatir no solamente las pretensiones a la hegemonía y la creencia en la superioridad, sino también las estrecheces del nacionalismo político, del proteccionismo autárquico y del aislamiento cultural. Todas estas tendencias, legadas por el pasado, habrán de ser sustituidas por la noción de solidaridad, es decir por la convicción de que el verdadero interés de cada cual consiste en reconocer y aceptar en la práctica la interdependencia de todos. Ya no se gana nada con el egoísmo.

La Comunidad Europea no será la imagen de un Imperio ni de una Santa Alianza; descansará en la igualdad democrática llevada al ámbito de las relaciones entre las naciones. El derecho de veto es incompatible con este tipo de estructura, que supone el principio de las decisiones mayoritarias y excluye la explotación dictatorial de la superioridad material. Éste es el sentido de la supranacionalidad, en relación con la cual existe todavía demasiada tentación de ver sólo las libertades que se abandonan sin ver la autoridad y las garantías que se adquieren. Además no se aplicaría al ámbito de la cultura, respetuosa con todas las particularidades.

Estas ideas tendrán que ser popularizadas en la escuela y en la prensa; no representan el monopolio de ningún partido. No nos cansemos de repetirlo: la unidad de Europa no se conseguirá principalmente por instituciones europeas; solamente será posible en la medida en que evolucionen las mentes. En esto radica la importancia de la libre circulación de las ideas y de los hombres entre los países europeos; los países que por principio se opongan a esto, se excluirán ellos mismos de Europa. Al formular este principio, no desconocemos de ningún modo la razonable inquietud por la seguridad, las precauciones que hay que tomar temporalmente contra el desempleo, la necesidad de salvaguardar el secreto profesional, la propiedad literaria y artística. Lo que reprobamos es el proteccionismo practicado sistemáticamente, en detrimento de un libre intercambio que significa emulación, selección automática y confianza.

Suprimir las barreras no lo es todo; es menester organizar la cooperación. Esto supone ante todo la multiplicidad de contactos personales; intercambios y estancias, congresos y viajes de estudios, giras, encuentros de jóvenes, obreros e intelectuales.

Las publicaciones literarias, artísticas y científicas deberían ser más asequibles de un lado y de otro; su precio es a veces prohibitivo. Se tendría que facilitar el uso de bibliotecas públicas y privadas. Ciertas investigaciones científicas deberían ser organizadas y financiadas en común cuando los recursos nacionales son insuficientes o se dispersan inútilmente. Ejemplo de ello es la creación del Instituto nuclear en Ginebra. En el ámbito de la defensa, esta cooperación supone una alianza militar permanente y no ocasional; y si fuera posible tener un solo ejército común, la comunidad investigadora fluiría de éste con toda naturalidad.

La desintoxicación de los manuales escolares de historia es una de las primeras necesidades. No está en contradicción ni con la libertad de pensamiento y de expresión de los adultos, ni con el verdadero patriotismo que debe ser enseñado a la juventud.

Bajo el pretexto de servir el sentimiento nacional y el culto a un pasado glorioso, se desconoce a menudo el deber de imparcialidad y de verdad; se piensa que se debe hacer sistemáticamente la apología de lo que ha sido traición, explotación cínica de la fuerza y del terror; se achacan todos los errores a la nación rival.

Se debería, al contrario, enseñar las causas profundas de los antagonismos que han desgarrado la humanidad; lo absurdo de los sacrificios que tantas guerras dinásticas e ideológicas han impuesto a los pueblos, que han tenido que pagar ambiciones frívolas y fanatismos.

Por otro lado, conviene resaltar la real comunidad de ideas y de aspiraciones que, en grado diverso, ha existido siempre entre las naciones, que ha sido ahogada por las pasiones promovidas y explotadas y que se trata de hacer valer.

En esta memoria de la historia, si bien es justo hacerle un sitio a las aspiraciones y a los valores nacionales, en especial a la necesidad de unificación nacional, sería conveniente dejar de ver esencialmente en ella la lucha por las fronteras políticas o la rivalidad entre las razas; pues reducir el sentido de la historia a estas dos nociones significa desembocar en el nacionalismo y en el racismo. Por encima de estas contingencias y rivalidades, que hasta ahora han determinado el curso de la historia, existen las afinidades y las comunidades de intereses que nos corresponde sacar del pasado como virtualidades del porvenir. Sin querer corregir retrospectivamente la historia, rechazamos el fatalismo que se resigna a una inevitable alternancia de pruebas de fuerza. La enseñanza debe predisponer al alumno a una visión menos pesimista, más constructiva del futuro.

Tales son las principales conclusiones a que hemos llegado al término de nuestras comunes reflexiones. No tenemos la pretensión de haber descubierto soluciones sensacionales o revolucionarias. ¿Pero no tiene un significado profundo que, proviniendo de horizontes geográficos, étnicos y profesionales muy distintos, hayamos podido, sin demasiadas dificultades, ponernos de acuerdo sobre los principios, sobre la interpretación de la historia y sobre la visión del futuro? Ahora compete a las asambleas políticas extraer de ello los materiales para una construcción europea sólida, expresión y garantía de una cooperación salvadora.

Biografía de Robert Schuman

Robert Schuman nació en Clausen, arrabal de Luxemburgo, el 29 de junio de 1886, pero sus orígenes paternos se sitúan en Lorena. Desde pequeño se impregnó de una doble cultura, francesa y alemana.

Decide terminar sus estudios secundarios en Metz, en suelo alemán, y culmina brillantemente sus estudios de derecho en diversas universidades, presentando su tesis en Estrasburgo en 1910.

En 1911 decide instalarse como abogado en Metz. Participa activamente en la vida cívica de la Lorena y se implica activamente en la Acción Católica.

Posteriormente es nombrado en 1918 miembro del nuevo Consejo Municipal de Metz, nuevamente francesa, y se lanza realmente a la vida política.

Es elegido diputado por el departamento de Mosela en 1919 y, continuamente reelegido, se convierte en acérrimo defensor de la reintegración de Alsacia-Mosela en la República francesa. Se convierte en especialista de las finanzas públicas en la Cámara de los Diputados.

Efímero subsecretario de Estado para los refugiados con el Gobierno de Paul Reynaud en 1940, pasa todo el período de la guerra, una vez acabado su arresto y su puesta en vigilancia domiciliaria, como fugitivo y clandestino.

Consejero del general De Lattre de Tassigny, retoma su vida política en septiembre de 1945, como consejero general y diputado. Tiene ya cerca de sesenta años y empieza su carrera nacional e internacional.

Presidente de la Comisión de Finanzas de la Asamblea Nacional, ocupa el cargo de Ministro de Finanzas en junio de 1946, el de Presidente del Consejo en noviembre de 1947, y posteriormente el de Ministro de Asuntos Exteriores durante más de cuatro años, de julio de 1948 a diciembre de 1952.

La Declaración del 9 de mayo de 1950, que creará la Comunidad Económica del Carbón y del Acero (CECA) y cuyo Tratado Fundador será ratificado en diciembre de 1951, refleja el compromiso largamente madurado de Robert Schuman en la construcción europea.

Tras un corto paso en 1955 por el Ministerio de Justicia, se dedica plenamente a la Comunidad Europea emergente.

Presidente del Movimiento Europeo, y luego primer presidente de la Asamblea parlamentaria europea, recorre Europa y el mundo dando conferencias, participando en coloquios, escribiendo artículos y prólogos.

La enfermedad le obliga, a partir de 1960, a una cuasi-jubilación en su casa de Scy-Chazelles en Lorena, rodeado de sus libros y de sus fieles amigos, pero también le permite redactar, retomando muchos de los textos ya escritos, *Por Europa,* quintaesencia de su pensamiento europeo y de su visión, todavía hoy de actualidad, de la Europa que había que construir.

Fallece el 4 de septiembre de 1963. Sus restos reposan en la pequeña iglesia fortificada de Scy-Chazelles, que en la actualidad forma parte del dominio público y que ha quedado dedicada a la memoria de un gran lorrainés, de un gran francés, de un gran europeo.

Índice

APÉNDICES

Fotocomposición
Encuentro-Madrid
Impresión y encuadernación
Cofás-Madrid
ISBN: 84-7490-424-2
Depósito Legal: M-40455-2006
Printed in Spain

Raíces de Europa

Colección dirigida por
José María Beneyto

ROBERT SCHUMAN

Por Europa

Prólogo de Marcelino Oreja Aguirre

ENCUENTRO

CEU
Instituto Universitario de Estudios Europeos
Universidad San Pablo

Título original
Pour L'Europe
La Déclaration du 9 mai 1950.
European Integration. Obstacles and Progress.
Intégration Européenne et Alliance Atlantique.
L'Europe est une communauté spirituelle et culturelle.

Traductora
Lidia Kraemer Lang

El capítulo «La integración europea. Obstáculos y avances» ha sido traducido del inglés por Antonio-Gabriel Rosón Alonso.

Para cualquier información sobre las obras publicadas o en programa
y para propuestas de nuevas publicaciones, dirigirse a:
Redacción de Ediciones Encuentro
Cedaceros, 3-2º - 28014 Madrid - Tel. 91 532 26 07
www.ediciones-encuentro.es

Prólogo

Robert Schuman nació en Clausen, en el Gran Ducado de Luxemburgo, el 29 de junio de 1886, en el seno de una familia cuyo árbol genealógico hunde sus raíces en las tierras de Lorena.

Desde niño recibió una profunda formación cristiana a la que iría añadiendo una sólida formación académica. En 1912 obtuvo el doctorado en Derecho alemán en la Universidad de Estrasburgo y comenzó a ejercer la abogacía en Metz. Su formación jurídica y los estudios de economía y organización del Estado le permitieron comprender la esencia y el funcionamiento de la sociedad.

Schuman fue ciudadano alemán hasta que, en 1918, Lorena volvió a formar parte de Francia. Comenzó su carrera política, que él no había previsto, ni siquiera querido, en 1919 como representante de Thionville en la Asamblea Nacional Francesa.

En 1940 ocupó su primer puesto gubernamental como Subsecretario de Estado para los refugiados, cargo del que dimitió en agosto, cuando Petain instaló su Gobierno en Vichy. De regreso a Metz fue arrestado por la Gestapo y sometido a arresto domiciliario. Logró escaparse y pasó dos años escondido en distintos lugares, sobre todo monasterios, colaborando con la resistencia anti-nazi.

Apenas terminada la guerra, la amenaza de una nueva conflagración entre el Este y el Oeste no tardó en aparecer. El 24 de abril de 1947, el fracaso de la Conferencia de Moscú sobre la cuestión alemana convencía a los occidentales de que la Unión Soviética, aliada en la lucha contra el nazismo, iba a convertirse en un peligro inmediato para las democracias occidentales. La creación en octubre de 1947 del Kominform, que unía a los partidos comunistas de todo el mundo, el *golpe de Praga* del 25 de febrero de 1948, que aseguraba a los comunistas el poder sobre Checoslovaquia, y, después, el bloqueo de Berlín en junio de 1948 avivaron aún más la tensión.

En aquel momento, los Aliados aún confiaban en el monopolio nuclear para mantener el equilibrio mundial: «Tenemos —escribía lord Alan-Brooke— una cosa que reestablecerá el equilibrio con los rusos. El secreto de este explosivo y la capacidad para utilizarlo modificarán completamente el equilibrio diplomático que estaba a la deriva después de la derrota de Alemania». Pero este monopolio duró poco. La explosión de la primera bomba atómica soviética, en septiembre de 1949, restablecería el equilibrio. La Guerra Fría entraba en escena, y desde ese momento el mundo se dividiría en dos bloques, extendiéndose un intenso clima de miedo.

El horizonte internacional al comienzo de los cincuenta se oscurecía. En aquellos años la URSS dirigía una violenta campaña contra Estados Unidos y se consolidaba su posición en el Este, dividiendo así al mundo de tal modo que el mismo Occidente volvía a ver a

Alemania como un peligro para la paz. Jean Monnet presentía el peligro y en abril de 1950 afirmaba: «Tenemos delante otra guerra si no hacemos algo. Alemania ya no será su causa, pero será su envite»[1]. En Francia, el general De Gaulle, sin llegar al extremo de repetir la posición de Clemenceau después de la Primera Guerra Mundial, se mostraba partidario de una política rígida con la Alemania vencida.

En este contexto, en 1948 Robert Schuman entró en el Quai d'Orsay como ministro de Exteriores. Poco a poco, este hombre profundamente conciliador iría aportando a un período histórico marcado por la inestabilidad y la tensión un poco de serenidad. A sus colegas les llamaba la atención encontrarse con «un hombre sin deseos personales, sin ambiciones, de una sinceridad total y de una inmensa humildad intelectual, que lo único que buscaba era servir donde y cuando hiciese falta. Conservador por tradición, enemigo de novedades, pacífico, tímido y dubitativo por temperamento. En ocasiones retrasaba las decisiones, pero cuando estaba seguro de lo que su conciencia le exigía, decidía sin más lo más atrevido, y llevaba adelante sus decisiones insensible a las críticas, ataques y amenazas. En la atmósfera febril de los debates parlamentarios, encontraban en él a un hombre siempre dispuesto al diálogo, que trataba de convencer teniendo bien presentes las objeciones que escuchaba con gran atención, siempre con la misma calma y con una cortesía ejemplar. Para alcanzar sus objetivos, incluso los más importantes, jamás se sirvió de medios vulgares, ni exageró el peso de un argumento ni levantó la voz..., pero,

---

[1] Jean Monnet, *Mémoires,* 1976.

sobre todo, quedará en la memoria como el prototipo de verdadero demócrata, imaginativo y creativo, combativo dentro de su suavidad formal, siempre respetuoso del hombre y fiel a una vocación íntima que daba sentido a su vida»[2]. Robert Schuman fue el hombre tranquilo que necesitaba una época demasiado tensionada.

En 1950 se desencadena en Alemania una violenta campaña nacionalista antifrancesa, se acusa al canciller Konrad Adenauer de «vender» el Sarre y el Ruhr a los Aliados, la crisis alcanza el paroxismo cuando se concede a Francia el disfrute de las minas de carbón de Lorena. En ese momento Schuman se convence de que Europa es la única fórmula capaz de ofrecer una solución al problema alemán y ve clara la necesidad de que Alemania se incorpore a la unidad europea, inconcebible sin ella, junto a los países vencedores de la Segunda Guerra Mundial para evitar que retomara el curso de una política nacionalista.

Esta histórica reconciliación entre Francia y Alemania iba a depender de la amistad de hombres como Robert Schuman y el canciller alemán, Konrad Adenauer. Se conocieron en 1948, y desde entonces ambos se profesaron una confianza recíproca. Este entendimiento, clave para la construcción europea, estaba facilitado por importantes lazos de unión. Robert Schuman provenía de Lorena, el alemán era su lengua materna. Hasta 1919, cuando ya había alcanzado la edad madura, no fue ciudadano francés. Adenauer lo veía como un ciudadano del reino de Lotaringia, el llamado «Reino Medio», al que

---

[2] Declaraciones de André Philip, diputado socialista y ministro francés.

perteneció tanto Lorena como Colonia. Su doble cultura de hombres de frontera les preservó de toda estrechez de espíritu.

Ambos crearon, junto al genio intelectual del equipo de Jean Monnet, esa unión de inteligencia y acción que constituye la esencia del arte de la política. Juntos continuaron la auténtica tradición de la política europea que, aunque teñida de guerras, es una lucha perseverante por el ideal del entendimiento y la colaboración. Schuman y Adenauer eran conscientes de que sería la unidad, y no el equilibrio de intereses, la causa de la paz en el continente, y demostraron que ésta no se alcanza sólo evitando el conflicto. Por encima de cada país reconocían la «existencia de un bien común, superior al interés nacional, ese bien común en el cual se funden y confunden los intereses de cada uno de nuestros países»[3].

A Schuman y Adenauer se uniría Alcide De Gasperi. «La amistad con De Gasperi —cuenta Schuman— fue más tardía. Nos encontramos tarde en la vida pero nuestra amistad es profunda y sin reservas. Estábamos, sin duda, predestinados en un momento en que debía definirse una nueva política para nuestros países. Nuestra amistad ha sido a menudo mediadora eficaz y desinteresada, un impulso clarividente y tenaz»[4]. De Gasperi fue también hombre de frontera, nacido en Trieste, cuando esta región pertenecía a uno de los Länder austriacos.

Los tres estaban convencidos de que el nacionalismo podía ser transformado, mediante un esfuerzo creativo,

[3] Robert Schuman, *Por Europa,* véase p. 34.

[4] Carta de Robert Schuman a Alcide De Gasperi, 28 de febrero de 1953.

en un espíritu europeo más elevado. Schuman, Adenauer y De Gasperi tenían en común ese espíritu práctico que lleva a abandonar el intelectualismo y la abstracción, poseían el don innato de las relaciones humanas, el gusto de la discreción y la prudencia, el arte de buscar grandes proyectos en los que comprometer intereses aparentemente contradictorios.

Gracias a ese clima de confianza, creado por la amistad, fueron capaces de encontrar soluciones creativas en una situación internacional que parecía estancarse de nuevo en el sistema de equilibrios de poder, dando los primeros pasos hacia un ideal que nunca había desaparecido de la conciencia europea y que Adenauer exponía de este modo: «Las naciones no pueden continuar viviendo según sus propios deseos e inclinaciones, sino que deben aunar sus intereses con los de los otros pueblos de la tierra. Ya no hay ningún problema importante que sea exclusivamente alemán o incluso exclusivamente europeo. Debemos aprender a pensar y a actuar en un marco más amplio. No debemos pensar en ciertos países como lejanos y, en consecuencia, carentes de interés para nosotros. Cualquier país nos concierne porque la paz es indivisible, y solamente cuando todos los países, en sus decisiones y actos, tengan en cuenta el estado del mundo en su conjunto, conseguiremos que llegue la paz»[5].

En esos años, el temor de Estados Unidos ante el crecimiento del poderío soviético había puesto en marcha el denominado *Plan Marshall*, cuya finalidad principal

---

[5] Paul Weymar, *Konrad Adenauer*, 1956.

era frenar la expansión del comunismo y de la Unión Soviética fomentando, mediante el desarrollo económico, la unidad de una Europa en ruinas. Para alcanzar este fin Estados Unidos proporcionó ayuda a los europeos para que ellos mismos se organizaran: «Queremos una Europa unida, y nosotros ayudaremos a ello», dijo el general Marshall en su famoso discurso pronunciado en Harvard el 5 de junio de 1947. Entre 1948 y 1952, el Plan Marshall aportó casi 13.000 millones de dólares a un total de dieciséis países, de los que 9.000 lo fueron a fondo perdido.

Sin embargo, aunque imprescindible, no está claro que el *Plan Marshall* hubiera sido suficiente para mantener la paz en Europa. La ayuda norteamericana y la *Doctrina Truman*, que posteriormente progresaría hacia lo que se llamó política de contención, protegían a Europa de un peligro exterior, pero no parecían ser capaces de dar vida a una auténtica unión política entre los europeos, cuya ausencia había sido la causa de los conflictos. Por otro lado, la política soviética estaba aumentando la tensión entre los dos bloques creando esa inquietante y paralizadora «rigidez de pensamiento, a la que se refería Monnet, característica de la persecución del objetivo único, que hace desaparecer la búsqueda de soluciones a los problemas. Esta rigidez de pensamiento, de objetivo, por ambas partes, conduce inevitablemente a un choque que forma parte de la lógica ineluctable de esta perspectiva»[6]. Sin duda no era fácil proteger la paz en Europa al término de la Segunda

[6] Jean Monnet, *Mémoires*, 1976.

Guerra Mundial. El odio causado por una guerra que provocó millones de víctimas hacía que el nacionalismo y el afán de revancha predominara en amplios sectores de la opinión pública.

Fue entonces cuando estos políticos clarividentes comenzaron a hablar de la necesidad de crear estructuras políticas de integración que, por encima de los enfrentamientos seculares, desterraran el peligro de la guerra y asentaran la paz.

La creación del Consejo de Europa en 1949 supuso el primer paso en esa dirección. Schuman y De Gasperi figuraron entre sus constituyentes. Pocos meses después, Adenauer recibía la invitación para que la derrotada Alemania formara parte como miembro asociado y en 1951 se incorporaría como miembro de pleno derecho.

Pero esta organización, con sede en Estrasburgo, no tenía como objetivo la unión ni la federación de Estados, ni ningún tipo de cesión de soberanía por parte de sus miembros. Su principal función, basada en la cooperación política entre países, era reforzar el sistema democrático, así como los derechos humanos en los Estados miembros, dando origen, en 1950, al Tribunal Europeo de Derechos Humanos.

La audaz propuesta de Robert Schuman superó estos límites: «la paz mundial no puede salvaguardarse sin unos esfuerzos creadores equiparables a los peligros que la amenazan»[7]. La *Declaración Schuman*, como dijo Jean Monnet, contenía la iniciativa más audaz y más constructiva desde el final de la guerra, un esfuerzo cre-

---

[7] *Declaración Schuman,* 9 de mayo de 1950.

ador que constituía el primer fundamento de la unión de Europa. A través de la solidaridad en el terreno económico de la producción de carbón y acero se pretendía no sólo evitar materialmente una guerra, sino demostrar que el entendimiento y el trabajo común entre enemigos seculares eran posibles. Éste fue el espíritu que forjó el nacimiento de la Unión Europea.

Observando con perspectiva histórica, el 9 de mayo de 1950, fecha de la *Declaración Schuman*, aparece ante nosotros como uno de esos acontecimientos que en manos de un hombre tocado con el don de la oportunidad se transforman en hechos históricos trascendentales. Monnet era consciente de ello cuando afirmó que si «el proyecto de mercado único del carbón y del acero lo hubiera presentado un político cualquiera se hubiera quedado en papel mojado. Sólo porque se trató de una propuesta inaudita efectuada por un hombre honrado salió adelante»[8]. Robert Schuman no fue el primero en soñar con una Europa unida, otros lo habían hecho antes. Su grandeza consistió en haber sido capaz de encontrar la fórmula adecuada para construir la unión de Europa a partir de la producción conjunta de carbón y acero.

La CECA, a pesar de su contenido fundamentalmente económico tenía un claro objetivo político. En Francia existía un temor hacia una posible recuperación alemana, seguida de un nuevo ataque. Schuman imaginaba que los alemanes sentirían una preocupación similar. Teniendo en cuenta que cualquier clase de rearme futuro implicaría siempre un aumento en la producción de

[8] Jean Monnet, *Mémoires,* 1976.

carbón, hierro y acero, el corazón del plan fue la creación de una autoridad común que controlara la producción del carbón y el acero, eliminando el miedo, sensación que en plena guerra fría podía ser fatal.

El esfuerzo creativo de Schuman, que cuajó en la declaración del 9 de mayo de 1950, constituyó una invitación a los países europeos a unirse poco a poco creando lo que él llamó «una solidaridad de hecho». Lo esencial de la *Declaración Schuman* era esa solidaridad entre europeos. Como decía Harold MacMillan, «no fue en esencia un acuerdo puramente económico o industrial, sino un gran designio para Europa, no era simplemente una pieza necesaria en una maquinaria, fue una concepción casi mística, revolucionaria». Jean Monnet lo expresó con otras palabras: «El comienzo de la Comunidad Europea fue una visión política, pero aún más una visión moral. Los europeos habían perdido su facultad de convivir y de asociar sus fuerzas creadoras, y por ello, su papel en la civilización creada por ellos mismos parecía declinar»[9].

La creación de una entidad encargada de la gestión en común del mercado franco-alemán del carbón y del acero respondía al método de trabajo ideado por Monnet para avanzar en el camino de la integración: «Europa no se hará de una vez ni en una obra de conjunto: se hará gracias a realizaciones concretas, que creen en primer lugar una solidaridad de hecho»[10]. Esta manera de construir la Unión Europea será conocida posteriormente como el método funcionalista de la inte-

---

[9] Jean Monnet, *Mémoires,* 1976.

[10] *Declaración Schuman*, 9 de mayo de 1950.

gración que, frente a las posiciones de corte federal clásico, persigue alcanzar fines políticos mediante el logro de objetivos parciales en sectores concretos, descartando, en consecuencia, cualquier clase de construcción política global y cerrada. De acuerdo con ello, la unidad europea, como había previsto Schuman, debía comenzar por la puesta en común de la producción franco-alemana de carbón y acero. Posteriormente se ampliaría a la energía atómica y a las actividades económicas en general (agricultura, transportes, etc.). El éxito de la teoría funcionalista no estuvo, a pesar de todo, en una especie de determinismo histórico por el cual la integración económica debía conducir de modo inevitable a una unión política, como si los sucesos políticos no dependieran de la acción de individuos concretos. Es cierto que la unión económica ha ido creando la necesidad de progresar hacia una unión política más estrecha, pero de esta exigencia no surge necesariamente la unidad política, ésta sólo se hará si los europeos se deciden a construirla.

Por ello, el contenido de la *Declaración Schuman* continúa siendo útil, y por eso es necesario volver la mirada hacia el espíritu con el que comenzó la Unión Europea: la solidaridad entre los europeos desbordó los límites de la simple coordinación de intereses llegando hasta la integración entre naciones.

No son muchas las acciones que cambian la historia. Posiblemente la *Declaración Schuman* forma parte de esas acciones que modifican el curso de los tiempos. El 9 de mayo de 1950 cerró con puertas robustas una etapa en la historia de Europa. A partir de entonces, lo importante no fue lo que se dejaba atrás sino el camino que quedaba por delante. Apoyados en el entendimiento mutuo, la Unión comenzó a dar pasos de gigante. Europa se convirtió en un foco de esperanza en un mundo todavía oscurecido por la lógica de la Guerra Fría; no hemos de olvidar que a las pocas semanas de la *Declaración Schuman* estallaba la guerra de Corea.

La continuación de la historia de la integración es bien conocida: en 1951 se firmaría el Tratado de París, formalización práctica de la *Declaración Schuman*. Pocos años después, en 1955, bajo la presidencia del belga Paul Henri Spaak, los ministros de Asuntos Exteriores de los Seis se reunirían en la Conferencia de Messina. Fruto de los acuerdos allí alcanzados, el 25 de marzo de 1957 los Seis firmaban los Tratados de Roma por los que se creaba la Comunidad Económica Europea (CEE) y la Comunidad Europea de la Energía Atómica (EURATOM).

Todo esto fue posible gracias al camino abierto por la *Declaración Schuman,* a la que se adhirieron inmediatamente y *de todo corazón* Konrad Adenauer y Alcide De Gasperi. Tres biografías que corren paralelas en un momento crucial de la historia europea. Su amistad común, a pesar de pertenecer a naciones históricamente enfrentadas, fue en buena parte la clave del éxito del renacer de la unidad europea.

En una carta a Robert Schuman, Konrad Adenauer afirmaba: «Es a usted a quien se debe la amistad que une a nuestros dos países; con su iniciativa del Pool del Carbón y del Acero colocó usted la piedra angular. Es mi cordial deseo, precisamente más en las actuales circunstancias, expresarle a usted todo mi agradecimiento». Schuman por su parte consideró a Adenauer como un personaje fundamental para la historia de Alemania y de Europa: «Se hablará en la historia —dejó escrito Robert Schuman— de una Era Adenauer, como se habla de una Era Bismarck o de una Era de Weimar. Yo no pienso que se trate de un simple episodio: el nombre de Adenauer significa una renovación orgánica de la política alemana, una política que hunde sus raíces profundas al mismo tiempo en las tradiciones más valiosas y en las nuevas concepciones que superan ampliamente el marco nacional».

Así pues, fue ese componente personal el factor decisivo de la construcción de la paz en Europa. La reconciliación entre naciones dependió en buena parte de la amistad personal de unos políticos que tuvieron la visión y la osadía de proponer políticas concretas de integración cuando aún se escuchaban los terribles ecos de la guerra.

La historia europea les había enseñado que el equilibrio de miedos o el simple transcurso del tiempo no eran suficientes para reconstruir la paz. Para alcanzar la reconciliación era necesario poner en marcha acciones políticas creativas y generosas. «La contribución que una Europa organizada y viva puede aportar a la civilización es indispensable para el mantenimiento de unas relaciones pacíficas»[11].

Después de dejar su puesto de Ministro de Asuntos Exteriores, Robert Schuman continuó su tarea política como Diputado. Durante esos años se dedicó totalmente al Movimiento Europeo, del que fue presidente desde 1955. En 1958 fue nombrado, con el apoyo de todos los

---

[11] *Declaración Schuman,* 9 de mayo de 1950.

grupos, Presidente de la Asamblea Parlamentaria de la Comunidad, que le despediría otorgándole el título, único hasta hoy, de *Padre de Europa.*

Pero por encima de cualquier otro título, si yo tuviera que caracterizarle, lo haría como un hombre comprometido con la condición de católico, que exige respetar un sistema de valores y entre ellos la libertad, y un conjunto de derechos inherentes a la persona que son imprescriptibles e inalienables, comenzando por la vida, la dignidad humana o la obligación moral de participación pública.

En otoño de 1959, en Roma, durante una conferencia de prensa con motivo de su visita oficial al gobierno italiano, Schuman sufre un fallo de memoria. A partir de entonces, los momentos de ausencia van siendo cada vez más prolongados, aunque conservó la lucidez hasta el mismo día de su muerte. Durante esos años, hasta su fallecimiento el 4 de septiembre de 1963, acomete la tarea de revisar y clasificar todos sus escritos, estudios y conferencias, convencido de que con ellos podría realizar su último servicio[12]. Nace así el único libro publicado por él: *Por Europa.*

Marcelino Oreja Aguirre

---

[12] *En los orígenes de la Unión Europea: Robert Schuman y Jean Monnet,* Ediciones Encuentro, Madrid 2003.

Por Europa

Introducción

Cuando después de 40 años de vida parlamentaria, la edad y la enfermedad me han obligado a renunciar a toda actividad política, he vuelto a encontrar y a leer, en el aislamiento del retiro, las notas y los escritos que lentamente se han acumulado en este período. Testigos olvidados en el fragor de la acción cotidiana, me han permitido trazar de nuevo el curso de los acontecimientos a la luz de la experiencia adquirida.

Desde la *Chambre bleu horizon,* en 1919, con el entusiasmo de la patria recobrada, hasta las horas sombrías de 1940; desde el júbilo de la liberación, hasta el drama argelino y sus consecuencias, tengo el sentimiento de haber tenido el temible privilegio de participar activamente en la vida pública de mi país en una época particularmente convulsa de su historia y con la pesada responsabilidad de orientar durante varios años su política exterior.

No es mi intención, sin embargo, presentar una evocación personal. Una recopilación de «Memorias» después de ilustres precedentes no aportaría nada nuevo digno del benévolo interés del lector.

Pero me ha parecido que las reflexiones de un hombre político, cuya tarea esencial consiste en observar las relaciones entre los hombres, como miembros de una colectividad y entre las colectividades mismas, y que puede actuar en estas relaciones para una mejor comprensión y cooperación, conservaban, cuando estas reflexiones llevaban al imperativo de la construcción de Europa, el valor de un mensaje.

Con este fin he reunido en las páginas que siguen, provenientes de múltiples notas de conferencias, de artículos de periódico, de intervenciones en el Parlamento, etc., las ideas esenciales que han guiado mi acción durante mi vida política en favor de una Europa Unida.

Lejos de todo espíritu polémico, lejos de los azares del momento, sólo quisiera aportar el testimonio de mi inquebrantable convicción.

En una época durante la cual, en el transcurso de una sola generación, se han producido entre los hombres confrontaciones de una violencia y de un alcance sin precedentes, y en cuyo curso la amenaza de nuevos conflictos sigue pesando sobre la humanidad entera como una fatalidad, al tiempo que los medios de destrucción recientemente inventados confieren a las matanzas futuras no solamente el carácter de una prueba de fuerzas rivales sino de un suicidio generalizado, hemos percibido que nos encontrábamos en una encrucijada de caminos.

Era necesario hacer una elección, una elección que podría ser determinante para lo mejor o para lo peor.

El gobierno francés, en su declaración solemne del 9 de mayo de 1950, ha escogido a Europa. Europa salvada del hitlerismo por la indomable energía de Winston Churchill, del comunismo por la clarividente iniciativa de G. Marshall, liberada de sus luchas fraticidas y estériles y que se comprometía resueltamente en la vía comunitaria, garantía de prosperidad, seguridad y paz.

Las duras lecciones de la historia han enseñado al hombre fronterizo que soy a desconfiar de las improvisaciones precipitadas, de los proyectos demasiado ambiciosos, pero también me han enseñado que cuando un juicio objetivo, largamente madurado, basado en la realidad de los hechos y en el interés superior de los hombres, nos conduce a iniciativas nuevas, incluso revolucionarias, aun en el caso de que choquen con costumbres establecidas, con antagonismos seculares y rutinas antiguas, es importante mantenernos con firmeza y perseverar.

Europa no se construirá en un día ni sin tropiezos. Nada duradero se realiza de forma fácil. Sin embargo ya está en marcha. A la Comunidad del Carbón y del Acero se han añadido el Mercado Común y el Euratom. Pero sobre todo, más allá de las instituciones y en respuesta a una aspiración profunda de los pueblos, la idea de Europa, el espíritu de solidaridad comunitario se han enraizado.

Esta idea «Europa» revelará a todos las bases comunes de nuestra civilización y poco a poco irá creando un lazo semejante a aquel del que no hace mucho tiempo se forjaron las patrias. Será la fuerza contra la cual se romperán todos los obstáculos.

* * *

El texto de este libro procede —sin modificaciones importantes ni de fondo ni de forma— de un gran número de escritos de toda clase. Al ser reagrupados por orden de ideas, tiene a veces una falta de hilazón que no se pudo evitar y por la cual pido disculpas al lector.

Quiero expresar mi agradecimiento a M. Thomas Schreiber, a la Sta. De Lajarte y a mis colaboradores Jean-Pierre Pensa y Henri Beyer por la importante ayuda que me han prestado.

Robert Schuman

I. La fragmentación de Europa se ha convertido en un anacronismo absurdo

Las fronteras políticas nacieron de una evolución histórica y étnica respetable, de un largo esfuerzo de unificación nacional; no es cuestión de borrarlas. En otras épocas se las desplazaba a través de violentas conquistas o a través de fructíferos matrimonios. Hoy, será suficiente con devaluarlas. Nuestras fronteras dentro de Europa tendrán que ser cada vez menos una barrera en el intercambio de ideas, personas y bienes. El sentimiento de la solidaridad de las naciones será más fuerte que los nacionalismos ya superados. Éstos tuvieron el mérito de dotar a los Estados de una tradición y de una sólida estructura interior. Sobre estos antiguos fundamentos, hay que edificar una nueva planta. Lo supranacional descansará sobre bases nacionales. No habrá así ninguna renuncia a un pasado glorioso, sino un nuevo florecimiento de las energías nacionales, gracias a su puesta en común al servicio de la comunidad supranacional.

Este ideal es muy francés. Es conforme al genio de un pueblo que siempre ha tendido hacia el universalismo a través de sus particularidades extraordinariamente diversas.

No se trata de fusionar Estados, de crear un súper Estado. Nuestros Estados europeos son una realidad histórica; psicológicamente sería imposible hacerlos desaparecer. Su diversidad es incluso muy afortunada y no queremos ni nivelarlos ni igualarlos.

Pero es necesaria una unión, una cohesión, una coordinación... Desde el punto de vista político un entendimiento duradero, orgánico, instituido entre los distintos países debe permitir la pacificación de esta Europa dividida. No hay nada comparable a la cooperación y la prosperidad que esperamos alcanzar, para establecer la concordia entre los países vecinos.

Europa no debe ser una zona de influencia para ser explotada, reservada para cualquier tipo de dominación, política, militar o económica. Para existir realmente, tendrá que ser regida por el principio de igualdad de derechos y deberes para todos los países así asociados.

La ley democrática de la mayoría, libremente aceptada con unas condiciones y modalidades fijadas de antemano, limitada a los problemas esenciales del interés común, será en definitiva menos humillante que las decisiones impuestas por el más fuerte.

* * *

Esta Europa no está dirigida contra nadie; no tiene ninguna intención de agresión, ningún carácter egoísta o imperialista, ni en su seno ni hacia otros países. Será accesible a quien quiera adherirse a ella.

Tiene como razón de ser la solidaridad y la cooperación internacionales, una organización racional del mundo, del que ella deberá constituir una parte esencial.

Lo que cuenta en el activo de Europa es que está capacitada para contribuir efectivamente y de inmediato a las necesidades de la humanidad para dar respuesta a las nuevas aspiraciones de los pueblos.

Se trata, pues, de un proyecto de paz.

El verdadero espíritu europeo es la toma de conciencia de las realidades, posibilidades y deberes, frente a los cuales nos encontramos los unos y los otros por encima de las fronteras, más allá de nuestros antagonismos y de nuestros resentimientos.

No podremos rebatir válidamente el nacionalismo ajeno oponiéndole nuestro propio nacionalismo. La oleada de los nacionalismos sólo se podrá conjurar con una política constructiva y colectiva, en cuyo marco cada cual descubrirá su interés, gracias a una solidaridad efectiva de intereses y esfuerzos. Tendremos que demostrar a todo hombre de buena fe, que los intereses así combinados no son irreconciliables, como lo son sin embargo los nacionalismos que se yuxtaponen y se oponen. Cierto es que los intereses son interdependientes y sólo con la puesta en común de todos los recursos se podrán satisfacer.

Cada uno debe estar profundamente convencido de que nos necesitamos unos a otros, sin distinción por el rango ni por el poder de que disponemos. Nuestros propios medios ya no están a la altura de nuestras necesidades. Es una verdad amarga pero no tenemos el derecho de disimularla. No es ninguna humillación reconocer este cambio de situación. Negarse a admitirlo sería la señal de un orgullo peligrosamente fuera de lugar.

El aislamiento no solamente se ha convertido en una causa de debilidad, sino de decadencia.

* * *

Francia en 1789 se erigió en pregonera de un régimen nuevo de libertad, de emancipación individual y política. Sus soldados difundieron una libertad conquistadora cuyos procedimientos, rudos y violentos, se podían y aún se pueden discutir pero abrieron una etapa decisiva en el completo desarrollo de la persona humana.

En 1950 Francia se presentó una vez más como el apóstol de un ideal nuevo, revolucionario en su concepción y en su alcance, pero pacífico en su ejecución. Este ideal no ponía en tela de juicio ni la independencia ni la neutralidad ajena.

Es cierto que hemos aprendido a desconfiar los unos y los otros, de todo lo que es propaganda, esa forma contemporánea de las invasiones hostiles, destructoras de nuestras tradiciones más preciosas. Nuestras ideas, sin embargo, han franqueado todas las barreras, no para destruirlas a traición, sino para exponerse a la crítica, solicitar opiniones, consejos de amistad y experiencia.

* * *

La política europea no es, en nuestra mente, en absoluto contradictoria con el ideal patriótico de cada uno de nosotros. Hace millares de años las primeras comunidades humanas se constituyeron más allá de la familia y, basándose en ella, en las tribus primitivas. Más tarde se añadieron los consistorios, la ciudad cada vez más desarrollada; a nadie se le ocurriría acusar a esta evolución de haber contrariado el papel de la familia. Ocurre lo mismo con toda organización supranacional que supera la nación, no para disminuirla o absorberla, sino para dotarla de un campo de acción más amplio y más elevado. La nación tiene una vocación no solamente hacia sus propios miembros sino tanto y aún más hacia las otras naciones. No puede pues encerrarse en el primero de estos papeles.

Sin embargo, en tanto una nación no ha perfeccionado su estructura, su unidad interna, en tanto está amenazada en su existencia e independencia, en tanto sus vecinos se comportan como rivales y adversarios, serán el nacionalismo y la exaltación del sentimiento patriótico los que constituyan la expresión más pura del deber cívico. Posteriormente, como sucede a menudo en las cosas humanas, lo que es virtud degenera en defecto, lo que fue legítimo reflejo de salvación y de defensa se convierte en fuente de conflictos e inseguridad. Eso prueba una vez más la relatividad de los valores terrenales.

* * *

Después de dos guerras mundiales, hemos acabado reconociendo que la mejor garantía para la nación no reside ya en su espléndido aislamiento, ni en su propia fuerza, sea cual sea su poder, sino en la solidaridad de las naciones que están guiadas por un mismo espíritu y que aceptan las tareas comunes en un interés común.

No buscamos ya nuestras inspiraciones políticas en Maurice Barrés o en Déroulède.

Lo nacional se desarrolla plenamente en lo supranacional. El objeto de la política europea es proporcionar a los pueblos libres de Europa una estructura orgánica capaz de poner fin a la anarquía en la que se debaten, impotentes, porque son incapaces de dominar por sus propios medios los enormes problemas que se les presentan.

Hasta la última guerra, su cooperación se manifestaba principalmente en forma de tratados de alianzas, estas efímeras constelaciones hechas y deshechas al arbitrio de ambiciones y de resentimientos. Alianzas por o en contra de la Austria de María Teresa, de la Prusia de Federico II, de la Francia de Napoleón I; alianzas concluidas con el fin de preparar y realizar por medio de guerras sucesivas la unidad alemana o la unidad italiana; alianzas con finalidad menos honrosa, como la partición de Polonia, esa desdichada nación desmembrada durante dos siglos hasta la monstruosa alianza germano soviética de agosto de 1939, que fue el ejemplo más reciente y más cínico de esos acuerdos de mala fe.

Evidentemente eso no era construir Europa. Como tampoco se construía Europa cuando esas violentas rivalidades territoriales se sustituyeron por la formación de bloques de países satélites, maniatados política, económica y espiritualmente, y cuando a la paz de los cementerios se añadieron los horrores de los campos de concentración.

Una tarea europea constructiva y valiosa consiste sin duda en asegurar la defensa colectiva contra toda agresión posible. Al igual que la paz, la seguridad se ha hecho indivisible. Es la condición de toda libertad y prosperidad, los dos objetivos del estado democrático contemporáneo. Sin embargo, defender Europa todavía no es construirla. Por encima de la necesaria seguridad, están todas las otras tareas comunes que sobrepasan los límites de una sola nación. Podemos afirmar que todos los grandes problemas que oprimen a los países que terminaron la guerra han adquirido un carácter internacional, que escapa a la autonomía política y económica de los países, aun de los más poderosos.

El abastecimiento en materias primas, las cuestiones relativas a la mano de obra y al paro, el angustioso problema de los refugiados, las personas desplazadas y los excedentes de población, la modernización de nuestro equipamiento industrial y agrícola, los intercambios internacionales y el destino de las monedas, las crisis periódicas de escasez y de exceso de producción, son ejemplo de ello. Ningún Estado puede hacer nada eficaz y duradero de forma aislada en ámbito alguno si se encuentra reducido a sus propios recursos. La autarquía que permitió a Hitler preparar la guerra es, hoy día, impracticable.

Cuanto más extenso y variado en sus posibilidades de producción y asimilación es un territorio, mejor se adaptará a las fluctuaciones coyunturales, mejor se defenderá contra las crisis que lo amenazan.

El interés de Europa consiste en ser la dueña de su destino.

La fragmentación de Europa se ha convertido en un anacronismo absurdo.

En efecto, y lo subrayo de nuevo, no se trata de borrar las fronteras étnicas y políticas. Son un dato de la historia. No pretendemos corregir la historia, ni inventar una geografía racionalizada y dirigida. Lo que queremos es quitar a las fronteras su rigidez, yo diría su intransigente hostilidad. Estas pobres fronteras ya no pueden pretender ser inviolables, ni garantizar nuestra seguridad, nuestra independencia. Se pisotean, se sobrevuelan, los paracaidistas y las quintas columnas las menosprecian. Ya no se fortifica la frontera, ya no hay línea Maginot, esa maravillosa ilusión detrás de la cual nos resguardábamos imprudentemente.

¿Qué significado tendrían las fronteras en una estrategia periférica?

Pero no seamos injustos con esas venerables fronteras; no son las responsables de esa situación. No es culpa suya si los inventos transtornan todas las nociones de la defensa militar. Mantienen su razón de ser si saben limitar su papel a una misión futura, de algún modo espiritualizada. En lugar de ser barreras de separación, se tendrán que convertir en líneas de contacto, donde se organicen e intensifiquen los intercambios materiales y culturales; delimitarán las tareas propias de cada país, sus propias responsabilidades e iniciativas, en ese conjunto de problemas que traspasan las fronteras, incluso los continentes, y que hace que todos los países sean solidarios los unos con los otros.

II. Europa, antes de ser una alianza militar o una entidad económica, tendrá que ser una comunidad cultural en el sentido más elevado de la palabra

El francés sabe lanzar grandes ideas, algunas veces revolucionarias, pero no le gusta romper con sus costumbres. Éstas son para él como una garantía de libertad y de independencia. Le gusta decir «el carbonero es el amo de su casa». Ese dicho era válido mientras había carboneros en nuestros bosques. Pero la era de estos honorables especialistas se ha quedado atrás, irrevocablemente desaparecida. Estar orgulloso de su independencia es natural y legítimo. Pero sólo en la medida en que no se necesita al otro se puede ser independiente y si, entendida así, la independencia es causa de debilidad, tenemos que resignarnos a abandonarla, en nuestro propio interés. El «espléndido aislamiento» se ha convertido en un error, en una insostenible pretensión.

El patriotismo, este noble sentimiento que ha forjado las naciones y que les ha propuesto y permitido llevar a cabo tareas magníficas, a menudo se ha desviado y ha degenerado en fanatismo intolerante, convirtiéndose así en fuente de inseguridad y de luchas fraticidas.

Ni ahora ni nunca renegaremos de la patria, olvidándonos de los deberes que tenemos hacia ella. Pero por encima de cada patria reconocemos cada vez con más claridad la existencia de un bien común, superior al interés nacional, ese bien común en el cual se funden y confunden los intereses de cada uno de nuestros países.

La ley de la solidaridad de los pueblos se impone a la conciencia contemporánea. Nos sentimos solidarios los unos con los otros en la preservación de la paz, en la defensa contra la agresión, en la lucha contra la miseria, en el respeto de los tratados, en la salvaguardia de la justicia y de la dignidad humana.

Los hechos nos han demostrado y llevado a la convicción de que, lejos de bastarse a sí mismas, las naciones son solidarias las unas de las otras; que el mejor modo de servir a su propio país es asegurándole el concurso de los demás a través de la reciprocidad de los esfuerzos y la puesta en común de los recursos.

Más que nunca los continentes y los pueblos dependen los unos de los otros, tanto para la producción de bienes como para su distribución, para el intercambio de los resultados de la investigación científica como de la mano de obra indispensable y de los medios de producción. La economía política se convierte inevitablemente en economía mundial.

Como consecuencia de esta interdependencia, el destino feliz o desgraciado de un pueblo no puede dejar indiferentes a los demás. Para un europeo que reflexiona, ya no es posible alegrarse de modo maquiavélico de la desgracia del vecino; todos están unidos en un destino común para lo mejor y para lo peor.

La guerra y sus destrucciones, como la victoria liberadora, fueron una obra colectiva. Si queremos que la paz se convierta en una victoria duradera sobre la guerra, tendrán que edificarla en común todos los pueblos, incluso los que combatieron ayer corren el riesgo de enfrentarse nuevamente en sangrientas rivalidades.

Nos encontramos pues, obligados por la experiencia, después de tantos fracasos sufridos por la habilidad diplomática o la generosidad de ciertos hombres, como Aristide Briand, frente a las terribles amenazas que los progresos vertiginosos de una ciencia orgullosa hacen pesar sobre la humanidad; henos aquí otra vez ante la ley cristiana de una noble y humilde fraternidad. Paradójicamete nos podría sorprender si no fuéramos cristianos —quizá inconscientemente— tendemos la mano a nuestros enemigos de ayer no solamente para perdonar sino para construir conjuntamente la Europa de mañana.

Esta política no está inspirada en un pacifismo sentimental indefinido. Tampoco está constituida por meros tratados y pactos que se limitan a declarar la guerra fuera de la ley, a documentar compromisos rápidamente olvidados o relegados. Sería un nuevo engaño, una ilusión pronto fallida. Pues ya hemos vuelto a oír determinados comentarios arrogantes que pensábamos proscritos para siempre.

Sí, hace falta algo más que textos o palabras, que el rechazo del crimen que es la guerra, algo más que el recuerdo de estos horrores y miserias.

Es menester quitar a la guerra su razón de ser, suprimir incluso la tentación de iniciarla, que nadie ni el gobierno menos escrupuloso tenga interés en hacerla. Y voy más lejos: queremos quitarle los medios de preparar la guerra, de comenzarla por su cuenta. El peor de los aventureros estará a partir de ahora incapacitado para preparar una mala acción.

En lugar del nacionalismo del pasado, de una independencia sombría y desconfiada, nos fiamos de los intereses, decisiones y destino de esta nueva comunidad de estados antiguamente rivales.

Esta nueva política se compone de solidaridad y de confianza progresiva.

Ella constituye un acto de fe, no como el que hizo J. J. Rousseau en la bondad humana, cruelmente desmentido desde hace dos siglos, sino un acto de fe en el buen sentido de los pueblos, convencidos al final de que su salvación reside en un entendimiento y cooperación tan sólidamente organizados entre sí que ningún gobierno, así asociado, podrá jamás apartarse de ello.

Que esta idea de una Europa reconciliada, unida y fuerte sea, a partir de ahora, la consigna para las jóvenes generaciones deseosas de servir a una humanidad liberada al fin del odio y del miedo y que, después de desgarramientos demasiado largos, aprende nuevamente la fraternidad cristiana.

Está claro que es preciso proceder por etapas, en los sectores psicológicamente maduros, en los que las particulares facilidades técnicas hacen prever un resultado espectacular. Pero no siempre se es dueño de la elección que hay que hacer ni del grado de urgencia de los problemas. Podemos citar como ejemplo la CED concebida para que no se reconstituyera un ejército nacional alemán, de su Estado Mayor, e impuesta prematuramente a la opinión pública por el bloqueo de Berlín y la guerra de Corea.

Tenemos que preparar a las mentes para aceptar las soluciones europeas combatiendo en todas partes no sólo las pretensiones hegemónicas y la creencia en la superioridad, sino también las estrecheces del nacionalismo político, del proteccionismo autárquico y del aislamiento cultural. Todas estas tendencias heredadas del pasado habrá que sustituirlas por la noción de solidaridad, es decir, por la convicción de que el verdadero interés de cada uno consiste en reconocer y aceptar en la práctica la interdependencia de todos. El egoísmo ya no es rentable.

La Comunidad Europea no se asemejará a un imperio o a una Santa Alianza; se basará en la igualdad democrática trasladada al ámbito de las relaciones entre naciones. El derecho de veto es incompatible con esta estructura que supone el principio de las decisiones mayoritarias y excluye la explotación dictatorial de la superioridad material. Éste es el sentido de la supranacionalidad, en la que seguimos tentados de ver sólo las libertades perdidas, sin ver la autoridad y las garantías adquiridas. La supranacionalidad no se aplicaría, por cierto, al campo de la cultura respetuosa con todas las peculiaridades.

Estas ideas tendrán que ser popularizadas por la escuela y por la prensa; no son monopolio de ningún partido. No nos cansaremos de repetirlo: la unidad europea no se hará ni única ni principalmente por instituciones europeas; su creación seguirá la evolución de los espíritus. De ahí la importancia de la libre circulación de ideas y de hombres entre los países europeos; los países que lo rechacen por principio se excluirán ellos mismos de Europa. Al formular este principio, no ignoramos en absoluto la razonable preocupación por la seguridad, las precauciones que se han de tomar temporalmente contra el paro, la necesidad de salvaguardar el secreto profesional, la propiedad literaria y artística.

Lo que reprobamos es el proteccionismo sistemáticamente practicado en contra de un libre intercambio, que connota emulación, selección automática y confianza.

Suprimir las barreras no lo es todo; hay que organizar la cooperación. Esto supone en primer lugar la multiplicidad de los contactos personales, intercambios y estancias, congresos y viajes de estudio, exposiciones, giras y encuentros de jóvenes trabajadores manuales e intelectuales.

Las publicaciones literarias, artísticas y científicas tendrían que ser más accesibles en un lado y en otro; su precio es a veces prohibitivo. Habría que facilitar la utilización de bibliotecas públicas y privadas. Se deberían organizar y financiar en común determinadas investigaciones científicas cuando los recursos nacionales sean insuficientes o se dispersen inútilmente.

La desintoxicación de los libros de historia es una de las primeras necesidades, lo cual no está en contradicción ni con la libertad de pensamiento y de expresión de los adultos, ni con el verdadero patriotismo que se debe enseñar a la juventud.

Bajo el pretexto de servir al sentimiento patrio y al culto de un pasado glorioso, se desconoce a menudo el deber de imparcialidad y de verdad: se cree necesario hacer sistemáticamente la apología de lo que ha sido una perfidia, la explotación cínica de la fuerza y del terror; demasiado a menudo se imputan los errores a la nación rival.

Deberíamos, al contrario, enseñar las causas profundas de los antagonismos que han desgarrado la humanidad; lo absurdo de los sacrificios que tantas guerras dinásticas e ideológicas han impuesto a los pueblos que han sido quienes han pagado las consecuencias de frívolas ambiciones y fanatismos.

Por otra parte, conviene destacar y dar valor a la comunidad de ideas y aspiraciones que siempre ha existido entre las naciones en grados diversos y que ha sido ahogada por las pasiones creadas y explotadas.

Si en esta exposición de la historia es justo hacerle un sitio a las aspiraciones y valores nacionales, en particular a la necesidad de unificación nacional, habría que dejar de ver en ello principalmente la lucha por las fronteras políticas o la rivalidad entre las razas; pues reducir el sentido de la historia a estas dos nociones es desembocar en el nacionalismo o en el racismo. Sobre esas contingencias y competiciones que hasta ahora han determinado el curso de la historia, existen afinidades y una comunidad de intereses que nos corresponde extraer del pasado para que sean virtualidades del futuro.

Sin querer corregir retrospectivamente la historia, rechazamos el fatalismo que se resigna a una inevitable alternancia de pruebas de fuerza.

La enseñanza debe predisponer al alumno a una visión menos pesimista, más constructiva del porvenir.

III. Europa es la realización de una democracia generalizada en el sentido cristiano de la palabra

Hubo una época —no muy lejana— durante la cual los franceses discutían con aspereza las cuestiones de régimen político. La democracia tenía sus adversarios feroces. Ahora, sin que la unanimidad sea total sobre ella —la unanimidad se encuentra raras veces en este mundo—, las pasiones se han apaciguado. Es posible, pues, abordar este tema con serenidad y franqueza. Es un progreso incontestable.

Tenemos primero que ponernos de acuerdo sobre el término «democracia». Lo que caracteriza el estado democrático son los objetivos que se propone y los medios con los cuales intenta alcanzarlos. Está al servicio del pueblo y actúa de acuerdo con él. No encuentro definición más sencilla y menos científica. Se aproxima a la del presidente Lincoln: «gobierno del pueblo por el pueblo y para el pueblo». Se observará que no cuestiona la forma de gobierno. La democracia moderna, en el sentido que expongo, puede ser tanto una monarquía constitucional como una república. Es verdad que, a menudo, el término «democracia» está reservado al estado republicano con exclusión de las monarquías. Creo que es una equivocación; ciertas monarquías como Gran Bretaña, Bélgica y Holanda, por citar nuestras vecinas más próximas, están más clara y tradicionalmente ligadas a los principios democráticos que ciertas repúblicas, en las cuales el pueblo tiene poca influencia directa sobre la orientación y sobre las decisiones políticas del país. Esta constatación me dispensa de comentar la elección que una democracia puede hacer entre varias formas de gobierno. Nos limitaremos a descartar las que son antidemocráticas en el sentido que tendré que concretar.

Es aquí donde interviene la doctrina del cristianismo. La democracia debe su existencia al cristianismo. Ha nacido el día en que el hombre fue llamado a realizar en su vida temporal la dignidad de la persona humana, en la libertad individual, en el respeto de los derechos de cada uno con la práctica del amor fraterno hacia todos. Jamás antes de Cristo tales ideas fueron formuladas. De suerte que la democracia está vinculada al cristianismo doctrinal y cronológicamente. Con él ha tomado cuerpo, por etapas, con largos titubeos, a veces a costa de errores y de recaídas en la barbarie. Jacques Maritain, nuestro gran filósofo cristiano, que nosotros, los franceses, hemos cometido el error de abandonar en una lejana universidad en vez de aprovecharnos de su luminosa enseñanza, ha subrayado ese paralelismo entre el desarrollo de la idea cristiana y de la democracia. El cristianismo ha enseñado la igualdad de naturaleza de todos los hombres, hijos de un mismo Dios, rescatados por el mismo Cristo, sin distinción de raza, color, clase o profesión. Hizo reconocer la dignidad del trabajo y la obligación para todos de someterse a él. Ha reconocido la primacía de los valores interiores que solos ennoblecen al hombre. La ley universal del amor y de la caridad ha hecho de todo hombre nuestro prójimo y las relaciones sociales en el mundo cristiano desde entonces se apoyan en ella. Esta enseñanza y las consecuencias prácticas que se derivan de ella han cambiado profundamente el mundo. Esta revolución se ha desarrollado bajo la inspiración progresiva del Evangelio que ha moldeado las generaciones con un trabajo lento, acompañado a veces de penosas luchas. En efecto, los progresos de la civilización cristiana no han sido ni automáticos ni en sentido único: las reminiscencias del pasado y los malos instintos de una naturaleza viciada han influido en esa evolución y siguen contrariándola. Si esto es cierto para nosotros que somos privilegiados, que nos beneficiamos de un atavismo cristiano, cuánto más perceptible será para los que acaban de tener sus primeros contactos con el cristianismo.

En ese largo y dramático proceso de la civilización cristiana, no han sido y no son siempre los creyentes íntegros quienes han llevado la democracia a sus progresos más decisivos. Las nociones cristianas han sobrevivido y actuado en el subconsciente de hombres que habían dejado de practicar una religión dogmática, pero que seguían inspirándose en sus grandes principios. Éstos han llegado a ser y han permanecido como las características de la civilización contemporánea. Así, los racionalistas del siglo XVIII, por ejemplo, han proclamado y popularizado los derechos del hombre y del ciudadano que son de esencia cristiana.

Estos principios pasaron a la primera constitución democrática, la de Estados Unidos, en la que esta unión de cristianismo y democracia se percibe profundamente y se manifiesta en la vida política cotidiana. La oración se pronuncia pública y comunitariamente hasta en los banquetes, congresos y reuniones electorales, sin que su práctica, presidida alternativamente por un ministro de las distintas confesiones, levante la menor ironía o protesta. Nadie considera que la separación oficial de las Iglesias y del Estado pueda oponerse a la afirmación de una gran tradición religiosa. Tal comportamiento está muy por encima de lo que nosotros llamamos tolerancia o respeto de una costumbre. La idea religiosa es un factor oficialmente reconocido de la vida pública americana; inspira a menudo ciertas iniciativas y apreciaciones que pueden a veces sorprendernos y chocarnos, como por ejemplo el anticolonialismo, reflejo más sentimental que racional y reminiscencia de una época en la cual los americanos mismos se quejaban de un colonialismo europeo.

Si encontramos, pues, huellas profundas de la idea cristiana en la vida política contemporánea, el cristianismo no puede ni debe ser sometido a un régimen político, ni ser identificado con una forma cualquiera de gobierno, aunque ésta sea democrática. En este punto como en otros hay que distinguir lo que es del César y lo que es de Dios. Estos dos poderes tienen cada uno responsabilidades propias. La Iglesia debe velar por el respeto de la ley natural y de las verdades reveladas; por el contrario, su papel no es ser juez de las elecciones concretas que tendrán que celebrarse según puntos de vista prácticos de oportunidad y según las posibilidades reales resultantes de la evolución psicológica e histórica. La tarea del hombre político responsable consiste en conciliar en una síntesis, a veces delicada pero necesaria, estos dos órdenes de consideraciones, lo espiritual y lo profano. Nuestra vida se oscurece a veces en el dédalo de los problemas y las opciones a elegir y en la pasión de las controversias. Pero entre estos dos imperativos, el de una doctrina inmutable en los principios y el de una sabia aplicación de las contingencias cambiantes, que hay que tomar en consideración en la vida de los pueblos y de los individuos, no existe ningún conflicto insuperable.

La teocracia desconoce el principio de la separación de los dos dominios. Carga sobre la idea religiosa irresponsabilidades que no son suyas. Bajo tal régimen, las divergencias de orden político corren el riesgo de degenerar en fanatismo religioso; la guerra santa es la expresión más temible de la explotación sangrienta del sentimiento religioso.

Desde el origen, Cristo era lo opuesto al fanatismo, ya que aceptó ser su más augusta víctima. Su reino no era de este mundo. Esto significa también que la civilización cristiana no debía ser el producto de una revolución violenta e inmediata, sino de una transformación progresiva, de una educación paciente por efecto de los grandes principios de caridad, sacrificio y humildad, que son la base de la nueva sociedad. Sólo a lo largo de muchos siglos de luchas internas y de depuraciones sucesivas, tal civilización podía evolucionar hacia el gran ideal propuesto, liberarse de las escorias de la humanidad pagana, al precio de convulsiones dolorosas y múltiples búsquedas.

Hoy el cristianismo, enriquecido por esta experiencia vivida a lo largo de su propia historia, debe ayudar a los pueblos menos evolucionados a adoptar la misma vía de regeneración humana. Las naciones colonizadoras no siempre han entendido del todo y desde su origen el papel que les correspondía. Ni el colono ni el misionero tenían siempre una noble y generosa inspiración. El capitalismo económico se prestaba con demasiada facilidad a métodos de explotación egoísta y desatendía el sentido de la responsabilidad humana que ha terminado por formularse en el preámbulo de nuestra Constitución de 1946: «Francia quiere conducir los pueblos a su cargo, a la libertad de administrarse por sí mismos y de administrar democráticamente sus propios asuntos». Este programa no significaba solamente la liberación de las poblaciones autóctonas, más bien suponía previamente su formación individual, familiar y colectiva, es decir, su capacidad de asumir las responsabilidades políticas y sociales que Francia les iba a transferir al liberarles de su antigua tutela. Hemos tomado conciencia demasiado tarde de este aspecto del problema. Nos dedicábamos con demasiada exclusividad a preparar la transferencia de las funciones políticas y administrativas; no comprendimos suficientemente la necesidad y las aspiraciones al desarrollo humano y al enriquecimiento cultural. La preocupación por el progreso técnico nos llevó a descuidar la necesidad de un equilibrio entre los dos factores de todo verdadero progreso: el conocimiento material y el dominio moral. En África, nuestros misioneros, mal entendidos y secundados, se esforzaron en dar a nuestra obra, incontestablemente grande, este suplemento espiritual, con el ejemplo de su dedicación y sacrificio, a través de la comprensión de las necesidades espirituales. Éstas son inmensas en las poblaciones todavía atrasadas en relación con el mundo contemporáneo con el cual se encuentran bruscamente en contacto, sin preparación y transición suficiente.

La democracia, sobre todo, no se improvisa; Europa ha empleado más de mil años de cristianismo en elaborarla. En África nos vimos obligados a quemar etapas. No sólo entregamos a una población a veces analfabeta papeletas electorales, sino, lo que es aún más grave, abandonamos el poder en manos de hombres que no estaban preparados para ello y que, indefensos, estarían expuestos a todas las tentaciones de la arbitrariedad y de la injusticia. Hemos intentado frenar el ritmo, instaurar controles; frente al empuje del nacionalismo eran precauciones frágiles. A este respecto, querría citar lo que, tras Bergson, escribió Jacques Maritain hace ya más de 20 años, cuando se elaboraba una política más generosa y cristiana para nuestros territorios de ultramar. Me limitaré a citar algunas frases especialmente llamativas:

«Tengamos en cuenta el hecho de que la parte del instinto y de las fuerzas irracionales es aún mayor en la existencia colectiva que en la individual. En el momento en que un pueblo entra en la historia reclamando su mayoría política y social, partes importantes de la humanidad se han quedado en estado de inmadurez o están sufriendo complejos mórbidos acumulados a lo largo del tiempo y que todavía no son más que el esbozo o la preparación de ese fruto de civilización que llamamos un pueblo. Comprendamos que para disfrutar de sus privilegios de persona mayor sin riesgo de fracaso, un pueblo debe estar capacitado para actuar como persona adulta...». «Nada es más fácil para los falsificadores políticos que la explotación engañosa de los buenos principios, y nada es más desastroso que los buenos principios 'mal aplicados...'».

Concluyo con Bergson que «la democracia es de esencia evangélica porque la mueve el amor».

La democracia será cristiana o no será. Una democracia anticristiana será una caricatura que se hundirá en la tiranía o la anarquía. La postura del demócrata se puede definir así: le resulta imposible aceptar que el Estado ignore sistemáticamente el hecho religioso, que le oponga una preferencia que roce la hostilidad o el menosprecio. El Estado no puede desconocer sin injusticia ni daño para sí mismo la extraordinaria eficacia de la inspiración religiosa en la práctica de las virtudes cívicas, en la tan necesaria protección contra las fuerzas de la desintegración social que actúan en todas partes. No es nuestra intención rebajar la Iglesia a representar el papel de policía o gendarme; los conceptos del Imperio y de la Restauración se han quedado definitivamente atrás. Pero se trata de reconocer su inmensa autoridad moral, espontáneamente aceptada por un gran número de ciudadanos y el alto valor de su enseñanza que ningún otro sistema filosófico ha podido alcanzar hasta la fecha. En el plano de la influencia internacional se impone la misma constatación: 1) solidaridad de los creyentes de todos los países 2) la Santa Sede, por su independencia, por su imparcialidad desinteresada y por su política tan humana, tan sensible a todas las miserias y peligros que amenazan a los pueblos, independientemente de su creencia, se ha convertido en el consejero más escuchado y mejor informado.

Para Francia, donde creyentes y no creyentes conviven, donde la colaboración de todos los ciudadanos de buena voluntad es más que nunca una necesidad, aceptamos la neutralidad del Estado tanto en la escuela pública como en todas las instituciones oficiales. El Estado como tal no puede ya tomar partido por una doctrina religiosa o filosófica. Pero debe asegurar a cada uno la posibilidad de actuar y de desarrollarse dentro de los límites del orden público, cuya responsabilidad corresponde al Estado. Las democracias contemporáneas, las verdaderas, no las que sólo tienen nombre y etiqueta engañosa, ofrecen el ejemplo de una justa comprensión de los valores espirituales y religiosos. Confiamos en que después de haberse apaciguado felizmente las antiguas querellas y después de la desaparición de las desconfianzas, llegará el momento en que las relaciones entre las Iglesias y el Estado democrático se establecerán sobre nuevas bases, respetuosas con la libertad y las responsabilidades de cada uno.

La democracia tiene pues la obligación de definir sus relaciones con la Iglesia. Su forma de hacerlo es el resultado —como hemos señalado ya— de una evolución histórica que no siempre está exenta de contradicciones y luchas. Surgen conflictos entre el poder profano y la Iglesia; la mayoría del tiempo tienen como origen un desacuerdo sobre los límites que distinguen o separan sus campos de acción.

Limitar el cristianismo únicamente a la práctica del culto y de las buenas obras supone desconocer y restringir de modo extraño su misión. Por el contrario, el cristianismo es una doctrina que pretende definir el deber moral en todos los ámbitos, al menos en sus principios generales. Sin pretender tener una receta infalible en los problemas de orden práctico —en los cuales la oportunidad debe dictar la elección— como hemos dicho ya a propósito de la forma del Estado y de sus instituciones, la Iglesia se preocupa por la defensa de los grandes intereses de la persona humana: su libertad, su dignidad, su desarrollo. Se opone a todo lo que pueda ponerles trabas.

Se opone así a todos los regímenes totalitarios sean de derechas o de izquierdas. Con sus clamorosas encíclicas Pío XI condenó sucesivamente a Hitler, a Mussolini y a Stalin, cuando se encontraban en la cima del poder y obligaban a los gobiernos democráticos a renuncias inicuas y peligrosas para la paz.

Los acuerdos de Letrán de 1929 y el concordato alemán de 1934 habían sido un intento, por parte de los dictadores, de disimular sus verdaderas intenciones, para amansar a la Iglesia concediéndole ventajas que podía reivindicar legítimamente. Esos convenios que, por otra parte, fueron mantenidos por los regímenes democráticos subsiguientes no han impedido al Papa denunciar con valiente vehemencia todos los ataques a la libertad que la dictadura cometió posteriormente, tanto en Alemania como en Italia.

Hitler tenía la franqueza de proclamar su odio hacia la idea de democracia. Por el contrario, las supuestas democracias populares del Este intentan acreditarse disfrazándose de modo hipócrita. No se puede, en efecto, aplicar el término de democracia a un régimen que no quiere reconocer la existencia de un pueblo, es decir, de una comunidad viva, dueña de un patrimonio original, que tiene sus aspiraciones propias y una misión que pretende llevar a cabo con total libertad; un régimen que repudia la idea misma de la libertad y de la responsabilidad personal, que ahoga con violencia las tendencias divergentes y las críticas, bajo el pretexto de que son desviaciones criminales. Con ello el conformismo más servil no salva a nadie de los peores sinsabores: la obediencia hacia los dirigentes de hoy puede convertirse en herejía mañana, pues todos los amos en cada momento pretenden tener la misma infalibilidad y practican la misma intransigencia. El simulacro de las rehabilitaciones fúnebres y de las confesiones públicas no le quita a un régimen de esta naturaleza el carácter de siniestra caricatura de la democracia.

En una verdadera democracia no existe más que un solo límite a la libertad: los cimientos del Estado y de la sociedad deben ser protegidos de la violencia y de las actividades destructoras. Cualquier reforma, cualquier reivindicación puede ser objeto no sólo de la libre discusión, sino que también puede serlo de una acción individual o colectiva ante los poderes públicos, en las formas previstas por la ley. No hay aquí lugar para un dogmatismo que solamente puede pretender verdades inmutables y absolutas reveladas y afirmadas por Dios, único dueño y juez de las conciencias.

El límite trazado por la ley entre la libertad y la licencia puede variar según las circunstancias de tiempo y de lugar. Los rigores del tiempo de guerra, cuando está en juego la existencia de la nación, no son aplicables en tiempo normal. Existen matices en la apreciación del margen dejado a la libertad según las costumbres y las necesidades de cada país. Así, nos sorprende a veces constatar la existencia en Estados Unidos de lo que consideramos una excesiva libertad de prensa, mientras que tienen por el contrario una legislación «antitrust» tan severa que ningún legislador europeo se ha atrevido jamás a imitarla hasta ahora, a pesar de la existencia de notorios abusos.

Por último, la democracia es una creación continua; la democracia sabe que siempre es perfectible. El totalitarismo mantiene la ilusión de poseer la verdad no solamente completa sino inmediata y definitiva; no puede ni esperar ni admitir las etapas, especialmente cuando está personificado en un hombre que se sabe mortal y que por consecuencia quiere acabar su obra sin ninguna demora. La democracia toma en cuenta la evolución de las ideas y las correcciones que la experiencia, con la lección de los éxitos y los fracasos, nos aporta bajo el control de una discusión y de una evaluación libre.

La puesta en marcha de este vasto programa, una democracia generalizada en el sentido cristiano de la palabra, encuentra su pleno desarrollo en la construcción de Europa.

La Comunidad del Carbón y del Acero, el Euratom y el Mercado Común con la libre circulación de productos, capitales y hombres, son ya instituciones que modifican profunda y definitivamente la relación entre los estados asociados; de alguna manera se convierten en sectores, en provincias de un mismo conjunto. Y este conjunto ni podrá ni deberá quedarse sólo en una empresa económica y técnica; necesita un alma, la conciencia de sus afinidades históricas y de su responsabilidad presente y futura, una voluntad política al servicio de un mismo ideal humano.

IV. Sin Alemania y Francia sería imposible edificar Europa

Desde que Germania entró en la historia, existe una cuestión alemana. Se reveló a los Romanos cuando las primeras tribus del Norte invadieron Galia e Italia. Algunos siglos más tarde, todas las tribus germánicas se desplazaron hacia el Oeste y el Sur, buscando climas más favorables y suaves. Y cuando estos ríos de lava se solidificaron y asentaron, cuando de ellos nacieron los Estados y un Imperio germánico, sus constantes avances más allá de las fronteras, su atracción por los países ricos y soleados, su gusto por la dominación mantenían en jaque a la Europa de la Edad Media, desde los Carolingios hasta Carlos V. La idea de un Imperio germánico a imagen del Imperio romano ha suministrado el substrato místico a estas desmesuradas empresas.

Después siguieron tres siglos de relativa calma. Es verdad que conocieron profundos trastornos dentro de los Estados, ajustes de fronteras, conflictos dinásticos. Pero el Santo Imperio, anquilosado, impotente, se volvió inofensivo para los países limítrofes.

Napoleón liberó imprudentemente a Alemania de sus ataduras feudales y preparó así el nacimiento de un nuevo Reich, bajo la dirección de Prusia. El Congreso de Viena instaló Prusia sobre el Rin, en el Ruhr, e hizo de ella una potencia occidental.

Las etapas ulteriores se suceden con una rapidez extraordinaria: la insurrección nacional de 1813, el nacimiento del patriotismo alemán al servicio de la unidad; la unión aduanera entre los 39 estados desde 1828, una asimilación legislativa metódica aunque lenta ya que sólo se acabaría en 1900 con la promulgación de un Código civil común; la Constituyente de Frankfurt en 1848 y 1849, que fracasa debido a la imposibilidad de conciliar en el seno de un solo imperio los derechos tradicionales de Austria y las ambiciones de Prusia.

Además, el rey de Prusia rechaza una constitución y una corona imperial de origen popular; prefiere esperar su hora, es decir, el nacimiento de un Reich de derecho divino del que llevaría la corona, por la voluntad de los príncipes y sin interferencia democrática.

En ese momento empieza la obra de Bismarck. Austria se encuentra provisionalmente eliminada en Sadova, en 1866, por el arbitraje de las armas. Este arreglo no afecta aparentemente a terceros países. Austria-Hungría, conglomerado de una extraordinaria variedad, es una especie de Commonwealth de Europa central. El canciller prusiano le reserva una tarea en el Danubio y los Balcanes al lado del Imperio alemán y bajo su control.

Pero este imperio se tenía que crear. Solamente se había esbozado bajo la forma de una confederación cuyos lazos eran demasiado débiles para darle al conjunto la suficiente autoridad. La cuestión alemana, decía Bismarck, se convertía en una cuestión europea; sólo encontraría una solución a hierro y sangre. La unidad alemana debía asentarse en una victoria conseguida en el exterior: por eso eran necesarios Sedan y Versalles. Alsacia-Lorena, tierra de Imperio, era el símbolo de la unidad conquistada.

Se hubiera podido pensar que Alemania políticamente unificada de este modo se contentaría con el papel considerable que su poder y las cualidades de su raza le asegurarían en Europa y en el mundo. Pero, por una parte, tenía mala conciencia: los orígenes del Reich estaban viciados por la violencia, por la injusticia cometida. Y además, es necesario admitirlo, lo ha demostrado la historia: Alemania estará eternamente insatisfecha. Por eso hubo y habrá probablemente siempre un problema alemán.

Mientras está desgarrada por dentro, mientras tiene la nostalgia de su unidad, Alemania representa un peligro menor para la paz exterior. Una vez satisfecha su necesidad de unidad, nuevas pretensiones la obsesionan. Se convence fácilmente de que la providencia le ha confiado misiones privilegiadas.

En la Edad Media, su obsesión era la idea del Santo Imperio, idea hermosa y grande, de inspiración religiosa en sus orígenes, pero cuya realización era fuente de conflictos no sólo entre los emperadores y la Iglesia, sino con todas las naciones limítrofes.

Napoleón, por su parte, desvió el ideal democrático de los ejércitos revolucionarios en provecho de un imperialismo que promovió el imperialismo alemán del siglo XIX. Ésa es la verdad. Pero también es verdad que, fuera de esos extravíos ocasionales, cuyos objetivos eran limitados o fruto de la conducta de un hombre, Francia nunca ha reivindicado la hegemonía como un patrimonio propio, como un derecho ligado a la raza, de algún modo inherente a la naturaleza, en consecuencia imprescriptible y siempre susceptible de ser invocado en cuanto las circunstancias se prestaran a ello.

Es, pues, la idea de este tipo de derecho, el convencimiento de tener una vocación preestablecida, el sentimiento de su superioridad frente a las otras naciones, es ese estado de espíritu el que ha conducido Alemania a las recientes catástrofes.

Al final del siglo XIX se abre paso otra mística de la que ya encontramos trazas esporádicas en la Edad Media, pero convertida en sistema por el alemán Nietzsche, el francés Gobineau y el inglés Houston Streward Chamberlain. Consagración europea, podría decirse, de una doctrina, la de la superioridad germánica, llamada a ser guía de otros pueblos. Desgraciadamente hemos tenido la experiencia del «Führertum».

El verdadero problema alemán es éste: ¿aceptará Alemania ser un socio pacífico o seguirá siendo una amenaza más o menos latente? ¿No llegaremos a oír un día que Alemania es por sí sola capaz de poner orden en nuestro desamparado continente?

Se me podrá objetar quizás que Francia no está muy cualificada para dar lecciones a otros. Es cierto, en apariencia: Francia no ha sido siempre un modelo de espíritu pacífico. Su propia unidad no se hizo sin dolor ni sangrientas conquistas. Es cierto que tuvo que mantener guerras defensivas, acordémonos de la guerra de los Cien Años, de los intentos de conquista de Alemania sobre Borgoña, sobre la Provenza, de España sobre el norte y el sureste de Francia. Pero hay que reconocer que Francia también tuvo ambiciones dinásticas, la búsqueda de fronteras naturales o estratégicas, incluso guerras ideológicas en ciertos momentos, como después de Valmy, que Bélgica recuerda todavía.

Al terminar la Segunda Guerra Mundial, la situación de Alemania, para todo francés que se sintiera responsable del destino de su país, era el problema más angustioso, pues no solamente comprometía la seguridad de Francia sino la paz del mundo.

Trato este tema no con el ánimo de la persona que escribe sus memorias con el fin de justificarse a sí mismo o agobiar a otros. Me limito a dar con toda serenidad un testimonio, sin preocuparme de una apología personal. Mi juicio será imparcial en la medida en que puede serlo cuando uno mismo ha estado estrechamente ligado al desarrollo de los acontecimientos en una época que habitualmente se ha designado como un giro de la historia.

Testimonio, pues, lo que he visto y vivido yo mismo, lo que en relación con mi propia acción ha sido a veces un elemento determinante. Y en esto radica ahora la dificultad de mi tarea: me arriesgo a ser objeto de cierta sospecha de que, a pesar de todas mis precauciones con el fin de evitar pasión y prejuicios por mi parte, podría hacer aparecer mi juicio viciado ya que recae sobre un socio y sobre una obra común.

En el curso de uno de los interrogatorios que solía sufrir por parte de la Gestapo en septiembre de 1940, me preguntaron con insistencia sobre las relaciones que sospechaban que mantuve con Konrad Adenauer en la época en que fue alcalde de Colonia, es decir antes del advenimiento de Hitler. En julio de 1932 yo había participado en un congreso que se celebraba en la capital renana. No había encontrado allí al administrador de esta gran ciudad. Era conocido entonces por ser uno de los más destacados especialistas de los asuntos municipales de la Alemania republicana. De hecho, lo vi por primera vez en agosto de 1949 en el curso de un viaje de inspección que había emprendido a Renania en calidad de Ministro de Asuntos Exteriores.

Nos encontrábamos entonces en vísperas de la entrada en vigor de la Constitución federal y Adenauer iba a ser uno de los candidatos al puesto de canciller. La entrevista tuvo lugar a propuesta del gobernador del Land reno-palatino en Koblenz y en su residencia. Este alto funcionario era el señor Hittier de Boislambert, futuro diputado del RPF. Esta conversación estaba pues desprovista de todo carácter oficial y tuvo tanto más valor para mí cuanto que se celebró sin las precauciones habituales y sin obligaciones protocolarias. Recuerdo, en particular, que además de múltiples temas, mi interlocutor esbozaba la idea de crear entre Francia y Alemania un lazo económico permanente, por ejemplo bajo la forma de una red eléctrica común uniendo el Sarre y la Lorena. Seis meses más tarde era Francia quien realizaba su propuesta de una Comunidad Europea del Carbón y del Acero, que rebasaba ampliamente el marco de un acuerdo bilateral franco-alemán, no solamente por su extensión geográfica sino también y sobre todo por la audacia de su estructura.

Mientras tanto, el canciller Adenauer había sugerido, al día siguiente de su elección, la creación de una unión económica entre los dos países vecinos, proyecto que no tuvo continuación, como tampoco la tuvo una unión aduanera franco-italiana concluida en 1947. Hoy estas ideas se han materializado en forma de un Mercado Común generalizado entre seis países con una población de 160 millones de habitantes.

Constatamos así el camino de las ideas que evolucionan y se concretan en determinado clima y a merced de las oportunidades que se presentan.

Se hablará en la historia de una era Adenauer como se habla de una era Bismarck o de la era de Weimar. Por lo demás, no pienso que se trate de un simple episodio; el nombre de Adenauer significa una renovación orgánica de la política alemana, política que a la vez tiene raíces profundas en las tradiciones más válidas y en nuevas concepciones que rebasan ampliamente el ámbito nacional. Tengo la seguridad de que será continuada por los sucesores del canciller, sean quienes sean, en todo lo esencial.

Existen en Alemania todos los complejos, pero el complejo dominante es actualmente el de la cooperación, más especialmente el de la cooperación europea. Es lo que yo mismo he podido observar en múltiples conversaciones en los medios universitarios, sindicales o de otra clase. Y si esta idea triunfa, estoy convencido de que incluso los que, en Alemania, no le son favorables, acabarán aceptándola con disciplina, aunque esto implique renunciar a recuperar las provincias del Este.

En efecto, no cabría esperar, por razones psicológicas, que un gobierno alemán renuncie formalmente y de manera definitiva a la devolución de los territorios del Este. Francia, después del Tratado de Frankfurt que se vio obligada a firmar, nunca aceptó moralmente la separación de Alsacia y Lorena, lo que no significa que tuviera intención de entrar en guerra para recuperarlos. Pero se mantenía la esperanza de un retorno. Los alemanes no reaccionarán de manera distinta a como lo hemos hecho nosotros. Además, los territorios del Este no les fueron arrebatados por un tratado que ellos mismos habían firmado. Lo que podemos y debemos reclamar es que renuncien al empleo de la fuerza para conseguir ese retorno. El canciller Adenauer lo ha declarado con toda claridad. Si bien después del Tratado de Frankfurt la estatua de Estrasburgo se quedó vestida de luto, transcurrieron cuarenta años de paz y no pensamos emprender una guerra para modificar la situación. No es ilógico, pues, desde el punto de vista del gobierno alemán, por una parte animar a los refugiados alemanes del Este a conservar la esperanza de que podrán regresar un día a su tierra, mientras que por otra parte asumen el compromiso de no hacer la guerra para recuperar esos territorios.

Es evidente que los alemanes desean la unificación de su país. Pienso que ese deseo legítimo no pone la paz en peligro. Es bien cierto que se encuentran hombres políticos que piensan que una unificación, aun pacífica, sería peligrosa para Francia porque rompería el equilibrio en su contra en el seno de la Comunidad.

Una reunificación implicaría naturalmente una nueva adaptación de las Comunidades Europeas, en particular las del Carbón y del Acero que, incluso aunque Silesia quedase fuera, se extendería a cierto número de minas e industrias siderúrgicas de la zona oriental. Sin embargo, podemos estar seguros de que no nos encontraremos, a nuestro pesar, delante de un hecho consumado. Tendremos la capacidad de velar por nuestros intereses, ya que la reunificación no se podrá hacer sin el acuerdo de Francia.

En cuanto al peligro del nazismo, incluso del militarismo, son ahora menos importantes de lo que han sido en el pasado. El derrumbamiento de Alemania ha demostrado los errores de este régimen, incluso a los ojos de los jóvenes que se dejaron seducir por él. Considero que actualmente no tenemos que temer un recrudecimiento del nacionalismo como el que conocimos en las vísperas del advenimiento de Hitler. El porvenir de la democracia es generalmente difícil de prever, especialmente en un país que hasta ahora la ha practicado muy poco. Estará en función de los resultados conseguidos por los gobiernos democráticos. No debemos desanimarlos, sin, por supuesto, poner en riesgo nuestro propio interés ni el de la paz y el de la seguridad.

Hubo épocas en que, penetrado por la idea de una superioridad innata, el alemán aspiraba a la hegemonía, a la dominación. Esto se producía siempre cuando vivía en un ambiente y en un clima creado por sus éxitos y fomentado por sus dirigentes. El alemán está inclinado a la disciplina y a la obediencia. Cuando las órdenes oficiales le incitan a dominar a otros, hará el máximo en ese sentido pero, si las órdenes consisten en que llegue a comprender a los otros pueblos y en una cooperación digna, se adaptará igualmente a este espíritu. No es por sí mismo necesariamente agresivo, ni inclinado a la dominación, ni desdeñoso con los otros. Al contrario, el alemán es susceptible de reconocer las cualidades ajenas y sentir cierta admiración hacia el extranjero. Es muy sensible a la atención que se le presta, al hecho de ser asociado por ejemplo a investigaciones, a esfuerzos comunes, a una cooperación internacional en el ámbito científico, cultural y técnico. Hay que recurrir a esa propensión. Así el establecimiento de relaciones culturales que desarrollamos entre Francia y Alemania, entre estudiantes, profesores, científicos, sindicalistas, etc., marca progresos excepcionales. La idea tuvo una gran acogida popular, lo que demuestra que el espíritu de los alemanes no es actualmente de orgullo, ni está animado por prejuicios y resentimientos.

Podría llegar a serlo. Lo fue en ciertas épocas en que Alemania estaba embriagada por su rápida ascensión, por las doctrinas de Gobineau y de Joseph Chamberlain, por la victoria, sin la experiencia de una indiscutible derrota.

* * *

Es evidente que nunca se puede responder de la futura evolución de las mentes en ningún país. Ésta depende de circunstancias imprevisibles que se podrían convertir en tentaciones.

Subsistirán siempre antagonismos de carácter nacional. El interés del Ruhr no coincide siempre con el interés de la cuenca lorena. La agricultura francesa se desarrolla en condiciones de clima y mano de obra muy distintas a las del campesino o viticultor italiano. La legislación fiscal y social es necesariamente particular. Al menos en los detalles, en cada país, puede tener una repercusión distinta sobre el precio de coste de los productos. Esto conlleva problemas delicados de equilibrio en los impuestos. Lo que designamos conr un término bárbaro, la competitividad de una producción en un país más o menos favorecido por sus riquezas naturales, por su situación geográfica o demográfica, por la calidad de sus instituciones políticas, queda así sujeto a variaciones importantes. Por ello hacen falta cláusulas de protección con el fin de limitar los riesgos, cuando se acomete la prueba de una nueva competencia. Hace falta igualar, armonizar las condiciones de la producción, las legislaciones, la masa de los salarios y de los impuestos con el fin de que cada país participante sea capaz de sostener la libre confrontación con los otros. Toda comunidad viable exige que primero sean atenuadas, y en lo posible eliminadas, esas diferencias de situación, para que una industria o una producción no amparada en el antiguo proteccionismo no se exponga a ser destruida.

No podemos disimular que la integración de Europa es una obra inmensa y ardua, que nunca se ha intentado llevar a cabo. Requiere un cambio diametral de las relaciones entre estados europeos, en particular entre Francia y Alemania. Y esa obra la emprenderemos en común, sobre una base totalmente paritaria, en la estima y la confianza recíprocas, después de que nuestra generación haya conocido el sufrimiento y el odio en su grado más alto.

Esta nueva orientación era la base de la declaración del 9 de mayo de 1950. Francia, desde el punto de vista político, pues se trataba sobre todo de ella, debía superar sus dolorosos recuerdos. Le correspondía a ella tomar la iniciativa de manifestar a su vecina su voluntad de darle confianza, no con una declaración platónica o condicional, sino con una oferta concreta de cooperación permanente en un ámbito de importancia vital. En otras palabras, Francia se manifestaba dispuesta a tratar con Alemania en términos de igualdad. Buscaría, a través de los vínculos de una comunidad multilateral, las garantías duraderas que nunca pudo encontrar con soluciones de fuerza y de subordinación. La tradicional rivalidad y la desconfianza serían así sustituidas por una solidaridad de intereses, que harían desaparecer las causas de un antagonismo que parecía irremediable.

En 1945 se podía caer en la tentación de encerrarse en la vía de la fuerza: Alemania se encontraba sin gobierno, postrada en el hundimiento total de sus dirigentes e instituciones. ¿No se podía, no se debía, en estas condiciones, aprovechar la ocasión para modelar una Alemania nueva, para darle una estructura que nos hubiera prevenido del restablecimiento de una potencia excesiva y amenazadora? Pero no olvidemos que las constituciones concedidas y las instituciones traídas en los vehículos del enemigo no tienen nunca posibilidades de permanecer.

Se propuso un desmembramiento de Alemania con la prohibición de reconstruir un imperio o cualquier tipo de autoridad central, convirtiendo así a cada uno de los estados separados en asociados de una comunidad europea de forma directa y sin intermediario.

He recordado ya el fracaso de los acuerdos que se intentaron en 1871 y en 1919. La política de la fuerza impuesta por los vencedores lleva solamente a soluciones frágiles y engañosas, generadora de conflictos nuevos. Incluso una paz establecida simplemente sobre concesiones recíprocas no resiste largo tiempo a un nuevo cambio de fuerzas entre los contratantes. Mientras haya lugar para un desquite, los riesgos de guerra volverán a surgir. Un acuerdo elaborado por vencedores y vencidos frente a frente puede provisionalmente apaciguar una reivindicación territorial o un conflicto de influencias. Pero nunca será suficiente para asentar, por sí solo, una paz sólida.

En el pasado se intentó a veces, con tratados de paz multilaterales, estabilizar situaciones políticas en determinadas regiones de Europa. Los Países Bajos en 1815, los Balcanes en varias ocasiones, en el curso del siglo XIX, fueron motivo de conferencias europeas; hubo intentos para poner de acuerdo a los estados que habían formado parte y que sucedieron a la antigua monarquía austro-húngara. Constituyeron un fracaso tras otro porque no se dio a esos seudo-acuerdos, además de un estatuto jurídico más o menos artificial, una tarea común y una esperanza nueva, capaces de hacerles olvidar las contiendas pasadas. Esta constatación nos ha conducido esta vez a buscar de común acuerdo una paz que no solamente sea una eliminación de la guerra, sino una construcción del porvenir.

Cuando después de la guerra hemos dado los primeros pasos de la política europea, todos los que participaban en ella estaban convencidos de que el acuerdo y la cooperación entre Alemania y Francia representaban para Europa el problema capital y que tanto sin Alemania como sin Francia sería imposible edificar Europa.

Alemania nunca fue más peligrosa que cuando se aislaba confiándose a sus propias fuerzas y a sus cualidades, que son grandes, embriagándose, en cierta forma, con su superioridad, en especial frente a las flaquezas de otros. Por otra parte, Alemania tiene, más que nadie, el sentido de la comunidad; en el seno de una Europa unida podrá asumir plenamente su papel.

V. Inglaterra sólo aceptará integrarse en Europa por la presión de los acontecimientos

Las dificultades que encuentra la idea de la integración en Europa son primero y ante todo de orden psicológico. Su objetivo es la renuncia a poderes soberanos en favor de una autoridad común. Ahora bien, durante siglos los países europeos han luchado, han mantenido guerras sangrientas para conquistar su independencia y —lo que significaba lo mismo— para lograr su unidad interna. No renuncian, pues, sin pesar ni aprehensión a una parcela de esta autonomía; tienen el sentimiento de renegar de todo un pasado de ideal y de gloria.

Para tranquilizarles, se invoca a veces el ejemplo de los Estados Unidos de América, que han conseguido de modo tan admirable, incluso antes de que se inventara la palabra, la integración de cuarenta y ochos estados soberanos en un conjunto federal. La situación no era la misma y este precedente no es convincente. Lejos de tener a sus espaldas un largo pasado de independencia, esos estados en una lucha de sólo unos años acababan de emanciparse de un régimen colonial; estaban buscando una fórmula para organizar su cohabitación futura y eso no se hizo ni de forma evidente ni inmediata.

El maravilloso edificio de la Constitución americana, levantado sobre los cimientos ideados con la mentalidad de la época por Washington, Jefferson y Hamilton sólo se convirtió en la casa común e indiscutible después de largas dudas y largos debates. Sin embargo se pudo concebir y ejecutar en un terreno libre, limpio de toda construcción anterior susceptible de estorbar. América era un país nuevo que elegía instituciones ella misma, sin tener que sustituir las instituciones anteriores, ni buscar un entendimiento con otros países.

Veamos, al contrario, la evolución de los viejos países de Europa: no quiero citar como particularmente representativa del espíritu europeo la Inglaterra insular y cosmopolita, tradicional, desconfiando instintivamente de toda innovación ideológica, pero a la vez tan flexible en adaptar sus instituciones antiguas a circunstancias nuevas, tan ingeniosa en la interpretación de costumbres no escritas. Inglaterra siente un prejuicio invencible contra los textos precisos y rígidos que hacen las delicias de los juristas continentales; también por principio y en toda circunstancia es hostil a toda integración, en el sentido que le damos, a toda estructura federal. Su Commonwealth, a la cual está tan apegada y que para ella está por encima de toda organización internacional imaginable, no es ni siquiera una confederación. Y sin embargo constituye una realidad viva y eficaz. Por esto, quizás, la integración europea tendrá su indulgente bendición, pero sólo la fuerza de los acontecimientos parece susceptible de forzar su adhesión.

¿Cómo explicar el punto de vista inglés? Tengo siempre en mi mente la figura de mi amigo Ernest Bevin, que hablaba entonces en nombre del gobierno inglés. Le parecía imposible e impensable que, para un inglés, para un gobierno inglés y para el Parlamento inglés, existiese una autoridad superior a la del Parlamento inglés. Ningún argumento podía alterar esta postura, no como consecuencia de una especie de obstinación —el inglés es capaz de mucha flexibilidad empírica—, sino en función de un razonamiento lógico: un gobierno inglés no puede conceder a un organismo europeo más autoridad de la que tienen los órganos de la Commonwealth. Como no hay ningún rasgo de supranacionalidad en la Commonwealth, es inconcebible que se reconozca a unos organismos europeos una autoridad supranacional. Para el inglés la primacía pertenece a la Commonwealth, no sólo cronológicamente sino también sentimentalmente. Hay que comprenderlo. Quizás no lo entendimos suficientemente al principio, por eso nos hicimos la ilusión de que la adhesión de Inglaterra sería posible de entrada. En ningún ámbito un gobierno inglés, un Parlamento inglés pueden admitir decisiones tomadas sin contar con él y quizás en contra de él. El inglés está muy apegado al principio de lo que denomina «*unwritten constitution*». Una carta magna, una constitución debe adaptarse a cada circunstancia. Por eso no debe ser formulada mediante un texto rígido. En cambio, en Francia, país de Descartes, todo tiene que estar concretado en los textos; lo que no se encuentra en los textos no reviste valor. Es lo que rechaza el temperamento inglés, especialmente cuando se trata de renunciar a una parcela de su soberanía; el inglés no se puede imaginar que se le aprisione con un compromiso de este tipo por un texto escrito, con una duración de cincuenta años. Se trata de una diferencia de mentalidad, de una educación política, de una tradición nacional.

Inglaterra sabe mantener las distancias en todo. Sin aislarse, observa. No hay país en el mundo más celoso en cuanto al respeto del domicilio. Les horroriza toda violación de domicilio, toda injerencia, toda indiscreción. La organización de una integración le parece como una violación de domicilio, una indiscreción muy grave.

En cuanto a Francia, durante cinco siglos, siendo monárquica o republicana, ha moldeado incansablemente su unidad con los vestigios del régimen feudal y a través de las supervivencias de un particularismo provincial. La Gran Revolución y el Imperio han asentado la autoridad central soberana en el interior de fronteras definitivamente consolidadas. Ahora se le pide de alguna manera volver atrás, para aceptar fundirse, por propia voluntad, en una comunidad de seis o quince países y quedar expuesta a la incomprensión o la arbitrariedad egoísta de una mayoría. Yo que soy partidario de la integración, soy consciente de lo que representa para Francia, como concesión de su orgullo nacional, para la legítima defensa de sus intereses vitales, para sus costumbres más queridas.

Alemania e Italia, sin embargo, no tienen las mismas prevenciones psicológicas. Su unificación remonta a menos de un siglo. Tanto una como otra tienen una larga experiencia del régimen confederal, o sea de asociaciones de estados más o menos dependientes los unos de los otros. Les resulta relativamente fácil transponer al plano europeo sus experiencias pasadas que las han familiarizado con el funcionamiento de este régimen. Además, el derrumbamiento del hitlerismo y del fascismo ha hecho tabla rasa de todas las instituciones anteriores. La vía queda libre para ideas nuevas. ¿Asignar a estas dos naciones, al día siguiente de su derrota, un papel no solamente nacional sino europeo, con igualdad de derechos y sin discriminación humillante, no constituye finalmente para ellas una suerte inesperada? ¡Todo ello incluso antes de que Alemania haya conseguido un tratado de paz y haya tenido acceso a la Organización de las Naciones Unidas!

El problema de la integración se plantea, pues, de forma diversa para Francia y para nuestros vecinos; es fácil, para los adversarios de nuestra política, explotar en nuestro país esa diferencia de situación y hacer nacer inquietudes y susceptibilidades nacionales. Francia, se nos dice, correría el riesgo de pagar los gastos de la operación.

Se pueden despertar resentimientos. Los recuerdos dolorosos de la ocupación se oponen a las buenas disposiciones de principio; no están cerradas todas las heridas. La condición primera de toda aproximación es aprender a conocernos tal como somos, con nuestras cualidades y defectos, nuestras afinidades y disparidades, nuestros prejuicios y rutinas.

No existe confianza sin franqueza, ningún entendimiento posible basado sobre malentendidos.

Europa generará un alma en la diversidad de sus cualidades y aspiraciones. La unidad de las concepciones fundamentales se concilia con la pluralidad de las tradiciones y convicciones, con la responsabilidad de las elecciones personales. La Europa contemporánea deberá nacer de una coexistencia que no sea un simple conglomerado de naciones rivales, periódicamente hostiles, sino una comunidad de acción libremente concertada y organizada.

¿Hemos errado el camino hasta ahora? El resultado dependerá en gran medida del valor de los hombres que tenemos frente a nosotros, de su grado de sinceridad, de la comprensión que podremos encontrar en ellos y en sus sucesores.

Opciones de este tipo nunca se toman sin riesgos. Lo que nos ha determinado a aceptarlas es la evidencia de los fracasos anteriores. Los métodos antiguos han fracasado.

Después de largos años con una orientación radicalmente opuesta, no hemos tenido ni desengaño ni desmentido. Al fin hemos podido liquidar de manera amigable a través de sacrificios recíprocos la totalidad del contencioso que separaba Francia y Alemania. Esta reconciliación, y todavía más, nuestra cooperación, se ha revelado no sólo posible sino provechosa para ambas y para Europa entera.

VI. La integración económica no se concibe a largo plazo sin integración política

En el primer período de la cooperación europea, después de las hostilidades, hay que situar a la OECE. Nacida en 1948 a consecuencia del *Plan Marshall* (discurso Marshall del 5 de junio de 1947), su objeto inicial fue el reparto de la ayuda americana asignada globalmente a los países europeos beneficiarios. Rápidamente se transformó en un organismo permanente y constructivo de acción económica colectiva. Su objetivo era doble. Primero, liberalizar progresivamente los intercambios entre estos países, hacer desaparecer las trabas cuantitativas que los estorbaba, como las licencias y contingentes de importación o exportación: en este momento todavía no era cuestión de barreras aduaneras. La OECE se proponía además facilitar los intercambios europeos organizando un ingenioso sistema de compensación entre monedas débiles y monedas fuertes. Era la Unión Europea de Pagos, que desde esos años difíciles ha sido de una eficacia excepcional. La participación de un país con una moneda sólida como Suiza ha contribuido a aumentar el volumen de transacciones en mercancías, con el aporte de su moneda sana, dentro de un circuito de compras multilaterales. A cada uno le proporcionaba ventajas sin riesgos ni sacrificios.

Esta organización ha sido levantada sin presiones, sin recurrir a sanciones ni a votos mayoritarios. Se pudo pensar que se llegaría al necesario saneamiento gracias a la persuasión y la buena voluntad. Fue desgraciadamente una ilusión que quebró rápidamente.

Para enderezar los graves desajustes económicos, hubiera sido necesario resignarse a aceptar una disciplina y una autoridad colectivas. La unanimidad de las buenas voluntades no fue suficiente. Las faltas de cumplimiento y las reincidencias aportaban un desmentido continuo. Francia y otros países se veían obligados a retractarse, a posponer temporalmente y parcialmente las exoneraciones que creían poder aceptar.

Tales experiencias debían guiarnos en nuestra política futura.

La OECE, fiel a su hostilidad a toda presión, preconiza un sistema de libre intercambio opuesto al sistema del Mercado Común. Confía en la disminución o en la supresión de los aranceles aduaneros, como lo hizo anteriormente con la liberación de los contingentes. El resultado sería sin duda el mismo. Si hemos marcado nuestra preferencia por el sistema del Mercado Común es porque encontramos en él un conjunto de garantías y normas reguladoras que previenen los sinsabores de una libertad sin freno. Lo ponemos en práctica entre seis países, no por una especie de exclusividad egoísta, sino porque, tan sólo ellos, se han adherido a nuestra concepción y aceptado nuestra disciplina. Practicamos una política común, regulada por unos estatutos legalmente establecidos, con cláusulas de seguridad eficaces y flexibles. Si dejásemos abrirse una brecha en provecho de otros países, las barreras no aguantarían más. Todo lo que podemos hacer y podemos ofrecer son acuerdos limitados, según los productos y los países de origen, compatibles con nuestros acuerdos entre los seis. En este margen de libertad estamos dispuestos a contrastar todas las posibilidades que se dan entre el consorcio de los Seis y los Once de la OECE, considerados individualmente o agrupados en una zona. Los europeos unidos por una cooperación de seis no desean ni discriminar ni alejarse de los otros. Lo que quieren evitar es que estalle el Mercado Común en provecho de una asociación menos sólida y menos disciplinada. La asociación de dos sistemas diferentes podrá hacerse por etapas, en el marco de un acuerdo provisional de principio, sin arriesgar los lazos existentes entre los Seis.

El camino hacia Europa nos ha llevado en 1950 a una bifurcación ante la que tuvimos que hacer una elección. Pero antes nos condujo hacia una institución que no exigía una opción difícil. Se trataba del Consejo de Europa. Tenía, como la OECE, un ancho marco porque excluía también una disciplina y unas decisiones mayoritarias. La Asamblea de Estrasburgo es exclusivamente consultiva. Su Comité de ministros sólo puede legislar por unanimidad. Esta observación no minimiza en ningún modo los méritos del Consejo de Europa. Su asamblea, expresión de la opinión pública de 17 países, ha estado a la vanguardia de ideas dinámicas y valientes. Pero una reforma profunda es indispensable para una institución europea dotada de un poder de autodeterminación, sea cual sea su forma constitucional y la extensión de sus poderes. Si las limitaciones impuestas a la nueva institución han decepcionado a todos los que esperaban una estructura constitucional sólida, sigue siendo sin embargo una especie de conferencia periódica, un laboratorio de ideas, en la que se encuentran asociados hombres de una valía singular y de tendencias muy diversas. En ausencia de un poder de decisión, se reconoce su autoridad institucional. Permite a los parlamentos nutrirse de ello en gran medida y a los gobiernos efectuar sondeos en el plano internacional. Cada uno, es cierto, sigue apoyándose sobre todo en sus datos nacionales y sus preferencias individuales. El Consejo de Europa no es una central de energía, ni un motor para las voluntades europeas. Esta constatación no es ni un reproche ni una injusticia. Estrasburgo ha proporcionado y sigue proporcionando verdaderos servicios, en el marco de sus medios estatutarios; es un faro que alumbra la vía de Europa.

Hasta 1950 no existió ejemplo de institución situada más allá y por encima de la soberanía nacional. Ésta seguía considerándose como inviolable. Los Pactos de Dunkerque (Francia-Inglaterra, 4 de marzo de 1947) y de Bruselas (que le añadía los países del Benelux, 17 de marzo de 1948), al igual que el Pacto Atlántico (4 de abril de 1949), se basaban en la misma idea. Era necesario romper el encantamiento. Lo difícil era conseguirlo en tiempos de paz.

En efecto, obligados por los eventos de la guerra, es más fácil someterse a una autoridad colectiva, por ser más poderosa, que a una voluntad individual. ¿Cómo conseguir que esto se acepte cuando no se está bajo un peligro inmediato, especialmente en materia económica? Francia lo intentó en 1950; lo consiguió, a pesar de las dudas y objeciones levantadas por la rutina y la desconfianza.

Lo consiguió sobre dos industrias claves: el carbón y el acero. Era un intento limitado a dos industrias, pero industrias esenciales para toda la economía, de igual importancia para las obras de paz que para el armamento. Durante años, estas industrias habían dado lugar a discusiones cada vez más agrias con Alemania. Se pensó en imponer restricciones a su capacidad de producción. La autoridad internacional del Ruhr (noviembre de 1948) estaba encargada de su vigilancia. Nos llevó a complicaciones inextricables, a conflictos sin fin.

El 9 de mayo de 1950 nuestra política iba a experimentar una completa transformación. Ofrecimos a Alemania y a los otros países participantes una asociación por un período de 50 años, sin discriminación ni restricción. El objetivo de los asociados era la expansión de la producción, la puesta en común de sus recursos, el establecimiento de reglamentos uniformes que garantizaban el mejor éxito de la empresa, una pacífica y leal competencia entre los antiguos rivales. Así, por primera vez en Europa hubo, entre otras, una legislación antitrust, una política social controlada por organismos en los cuales cooperan, en pie de igualdad, contratistas y trabajadores de los seis países asociados.

La idea básica, que así tomaba cuerpo por primera vez, y en el plano internacional, era la de la comunidad, una comunidad que no se podía rescindir, de una duración prácticamente ilimitada, regida por un estatuto cuyo cumplimiento estaba garantizado por un

Tribunal de Justicia, imparcial e independiente. La gestión de esta comunidad se confió a una Alta Autoridad que disponía, en el marco fijado por el estatuto, de un poder de decisión libre de toda autoridad nacional, gubernamental o legislativa. En este sentido, se puede hablar de una autoridad supranacional, protegida por una jurisdicción supranacional. Debe su existencia al voto concordante de los legisladores nacionales, pero, a partir del momento en que existe, la comunidad tiene vida propia, sustraída en adelante a los cambios y fantasías de la política nacional.

Y no es solamente una construcción de la mente. Desde el 10 de agosto de 1952, la CECA es una realidad que funciona, que se defiende, que se abre camino, intentando satisfacer a todos los interesados, a los asalariados y a los contratistas, a los usuarios y a la economía nacional. Es la obra de todos, en sus progresos como en sus dificultades, a las que intenta superar, bajo el control público y contradictorio de una asamblea parlamentaria.

No es de extrañar que después del éxito de esta experiencia se la haya querido ampliar a un campo más extenso. Pero esta vez, muy a mi pesar, Francia ha participado de manera menos determinante en la elaboración de las nuevas comunidades que se integraron posteriormente en la CECA. En efecto, Francia, por votación de su Asamblea Nacional, acababa de rechazar la CED, el 30 de agosto de 1954. Esta actitud, en contradicción con su política anterior, no le confería ya una autoridad indiscutible en cuestión de iniciativas europeas. Éstas, en 1955, emanaban de Bélgica, cuyo Ministro de Asuntos Exteriores, M.P.H. Spaak, había recogido la antorcha. Las negociaciones sobre el Mercado Común y sobre el Euratom se llevaron a cabo en Bruselas, después de haber sido decididas durante la Conferencia de Mesina en junio. Esto prueba de qué modo cualquier flaqueza de un país en el campo exterior daña su prestigio y altera su autoridad. Demuestra también hasta qué punto la política exterior de un país está hipotecada por las incoherencias de sus asuntos internos.

Se trata a partir de ahora de salir del aislamiento para enfrentarse a una competencia imposible de evitar; toda nuestra economía tendrá que estar a la altura de los retos y adaptarse a las circunstancias nuevas de una competencia y cooperación pacíficas. La lucha tendrá lugar no bajo el signo de una confrontación guerrera, sino de una disciplina severa aceptada y practicada por todo un pueblo, consciente de que su salvación depende ante todo de sí mismo, de sus esfuerzos y de sus sacrificios, tanto como de la colaboración con otros países solidarios en una inmensa empresa común.

La Europa contemporánea y cada uno de los países europeos han de tener, de algún modo, el instinto de esa interdependencia, vivir y trabajar en este nuevo clima de confianza y voluntad, donde cada uno aporta a la comunidad el máximo posible, de acuerdo con su idiosincrasia. De este modo Europa, Occidente, podrán salvarse frente a coaliciones hostiles que amenazan su civilización.

El término federación es la formulación jurídica de un pensamiento más profundo y humano, rico en perspectivas nuevas. Contemplamos así el rápido caminar, pero lógico, de una idea que, teniendo como punto de partida la Comunidad de 1950, se desarrolla en una fraternidad que se extiende allende las fronteras.

Ya el Tratado de Roma prevé iniciar la constitución de una Euráfrica, como la puesta en común de las buenas voluntades y energías, al servicio de una asociación libre de dos continentes.

Pertenece a las generaciones futuras darle a estas ilusiones de futuro los fundamentos de una realidad que se construye progresivamente, en la confianza laboriosamente reconquistada. Ya significa mucho que nos hayamos atrevido a emprender un camino nuevo, después de haber estado inmovilizados por el nacionalismo y el colonialismo seculares. Tenemos, al menos, el sentimiento de haber asumido nuestra responsabilidad como personas.

Pero hay que actuar deprisa. Los acontecimientos prueban cada día que no tenemos un minuto que perder. El fracaso cada vez más manifiesto de la ONU exige el éxito de Europa.

¿Pero cómo proseguir, cómo conseguir el desarrollo de la política europea?

Ante todo con la aplicación de los tratados de Roma, en la letra y en el espíritu, con toda la flexibilidad necesaria en este ámbito, sin renunciar a los objetivos y a los principios. Además hay que organizar la zona de libre intercambio con el mismo espíritu de conciliación y firmeza. No estamos exentos de ver más allá de lo logrado y de lo que está iniciado: hace falta ir preparando las etapas ulteriores.

La integración económica que estamos llevando a cabo no se concibe, a la larga, sin un mínimo de integración política. Es un complemento lógico, necesario. La nueva Europa tiene necesidad de una base democrática; que los consejos, comités y otros organismos estén bajo el control de la opinión pública, un control eficaz que no paralice la actuación y las iniciativas útiles. La integración europea debe, de forma general, evitar los errores de nuestras democracias nacionales, en especial el exceso de burocracia y la tecnocracia. La complicación de los mecanismos, la acumulación de los empleos no son una garantía contra los abusos, sino que son algunas veces, ellos mismos, el resultado de mayores pujas y favoritismos. El anquilosamiento administrativo es el primer peligro que amenaza los servicios supranacionales.

Al contrario, es necesario que la población, a través de representantes especialmente elegidos, sea capaz de seguir y ayudar al desarrollo de las instituciones. Habrá entonces, en un futuro no muy lejano, que prever la elección, por sufragio universal directo, de los miembros de la asamblea que ejerce el poder de deliberación y control, en conformidad con la Carta Magna de la Comunidad. El artículo 138, por cierto, ha dado a esta asamblea el mandato de elaborar tal proyecto electoral. Éste tendrá que ser uniforme para todos los Estados miembros. Es cierto que la conciencia de una Europa unida se acrecentaría y tomaría más cuerpo si pudiera afirmarse periódicamente con un voto a escala europea. El elector estaría integrado en un cuerpo electoral único y decidiría sobre objetivos que interesen al conjunto de los territorios asociados. Esa idea merece, pues, ser acogida y puesta en práctica sin demora.

Otra etapa, no prevista por los tratados actuales, sería más importante y más difícil. Se trataría de integrar no solamente a los electores sino también a los políticos. Las decisiones de alcance internacional sólo se podrían tomar en común por los estados asociados.

Hay que ponerse de acuerdo sobre el sentido de este término. Se puede concebir, es cierto, que estos países se comprometan a consultarse entre sí, antes de tomar una iniciativa aislada de cierta gravedad (Suez, Líbano). Se podría ir más lejos en esta vía y organizar una acción diplomática colectiva previa a cualquier acción individual; prohibir, concretamente, la realización por separado de cualquier hecho consumado.

Sería ya un progreso inmenso. ¿Pero sería posible, desde ahora, adoptar un acuerdo según el cual los gobiernos y los parlamentos se inclinarían ante cualquier decisión, tomada no por unanimidad, sino por la mayoría de los estados o por la mayoría de una asamblea común? Estamos hablando de decisiones graves que ponen en juego la paz o la guerra, es decir la vida de los ciudadanos, la independencia de la nación, la integridad de su territorio.

No creo que estemos maduros para tal transferencia de responsabilidades, por la que una mayoría de voluntades internacionales pueda imponerse a la voluntad nacional en un ámbito en el que la existencia misma de un país pueda ser cuestionada. ¡El desencadenamiento de pasiones y sospechas que se podrían producir sería temible!

Ahora bien, la idea misma de un gobierno federal y de un parlamento federal implicaría, según mi parecer, este poder de decisión mayoritaria, vinculando a los estados federados.

Estimo que el comprometerse prematura e imprudentemente a desprenderse de la soberanía nacional en cuestiones de importancia fundamental sería quemar etapas. Nos arriesgaríamos a repetir la experiencia de la CED con sus sinsabores y contragolpes.

El medio más seguro de prevenir los riesgos de la guerra y la servidumbre será nuestra cohesión colectiva en todos los campos, económico, político y militar. La cooperación estrecha que se instaurará en el seno de las comunidades europeas ya establecidas nos llevará a considerar todo desde el ángulo del interés y de la responsabilidad compartida. Nos iremos acostumbrando a examinar todo no sólo desde un punto de vista estrictamente nacional. No menospreciaremos ciertamente las consideraciones nacionales, pero las iremos descubriendo igual y necesariamente bajo un aspecto colectivo. Las incorporaremos con otros en una interdependencia recíproca. Será necesario así, partiendo de lo nacional, situarlo en un conjunto donde todo acabará por unirse y completarse.

Tendremos que aprender a comprender el punto de vista particular de nuestro asociado, teniendo él que hacer el mismo esfuerzo hacia nosotros.

Así la política extranjera ya no será la yuxtaposición de antagonismos enfrentados, sino la conciliación amigable y preventiva de divergencias existentes, que se expresan y se discuten sin exarcebación.

Las experiencias que hemos hecho en las relaciones entre Francia y Alemania nos bastan para ser optimistas y confiados.

VII. Origen, objetivo y elaboración de la Comunidad del Carbón y del Acero

A los amigos bien intencionados que a veces me preguntan sobre mi papel como Ministro de Asuntos Exteriores en el origen y la elaboración del tratado de la CECA me entra la tentación de contestar, parodiando —ante situaciones, por lo demás, idénticas— lo dicho por el mariscal Joffre a propósito de la batalla del Marne: «No sé quién la ha ganado, pero conozco bien a quien podía haberla perdido».

A principios del año 1950 teníamos el sentimiento de acercarnos a una doble crisis: una de orden político, otra de orden económico.

Crisis política, en primer lugar, en lo que respecta a nuestras relaciones con la URSS. Si bien la Conferencia del Palacio Rosa (junio de 1949) había puesto fin al bloqueo de Berlín, no era posible entendimiento alguno para llegar a solucionar los problemas en curso: Alemania, Austria, Trieste, etc.

En lo que se refiere más particularmente a Alemania, la nueva política inaugurada por los acuerdos de Londres (junio de 1948): restauración política y económica seguida de la puesta en marcha de la federación alemana occidental (septiembre de 1949), los acuerdos de Petersberg (noviembre de 1949), dejaba subsistir un malestar que iba creciendo. Se aplicaba esa nueva política con métodos antiguos: concesiones duramente negociadas, arrancadas a vencedores reticentes y desconfiados por vencidos humillados, cada vez más conscientes de su renaciente fuerza. La rehabilitación moral no iba a la par con la restitución progresiva de las libertades políticas.

Francia, particularmente indecisa, medía los riesgos de cada nueva renuncia a un derecho considerado como una garantía establecida.

El estatuto del Sarre y el del Ruhr fijados unilateralmente sin la participación de Alemania constituían, por otra parte, particulares fuentes de desacuerdos.

Crisis económica: la escasez de carbón hacía necesario el reparto del carbón producido en Alemania entre todos los países importadores, reparto impuesto por organismos interaliados, a partir de enero de 1948, por el Comité del Carbón de la Comisión Económica para Europa, con sede en Ginebra, más tarde por la Organización Europea de Cooperación Económica (OECE), sin que Alemania fuese consultada.

Al finalizar 1949, Alemania, por los acuerdos de Petersberg, se adhirió a disgusto a la Autoridad Internacional del Ruhr; este organismo basado en el régimen de ocupación tomaba sus decisiones, especialmente sobre el reparto del carbón, según el punto de vista y los intereses del vencedor.

A la vez que se reconocía la necesidad de restaurar la economía alemana y de devolverle progresivamente su independencia, se procuraba al mismo tiempo imponerle restricciones duraderas: limitación del potencial de producción, especialmente del acero, de barcos de gran tonelaje, prohibición de ciertas fabricaciones de interés militar.

Para hacer frente a esta situación, teníamos que cambiar el espíritu, la orientación de nuestra política y sustituir los antiguos enfrentamientos por una cooperación leal con igualdad de derechos y obligaciones. Así, las relaciones entre los dos países estarían definitivamente saneadas y liberadas de la pesadilla de un posible nuevo conflicto.

Este objetivo primordial coincidía además con preocupaciones de orden económico que sobrepasaban el marco del problema franco-alemán y afectaban al porvenir de Europa.

Nuestro continente no sólo padecía la tradicional parcelación, resultado de su evolución histórica, sino también de la nueva división entre Este y Oeste, nacida de la última guerra. Europa occidental, península superpoblada, cada vez más industrializada, preocupada por asegurar salidas a sus productos y conseguir divisas para las importaciones de materias primas, seguía dividida en una veintena de estados que, en vez de entenderse, de completarse facilitando primero los intercambios intra-europeos, se dedicaban entre sí a una lucha sin cuartel en una competencia que rebasaba los límites del buen sentido y de la lealtad. Y esto al mismo tiempo en que el resto del mundo se organizaba en enormes bloques económicos.

En la práctica, el problema consistía en organizar Europa con vistas a su unificación a través de la supresión progresiva de las barreras que dificultan la circulación de los bienes, con la coordinación racional de la producción de los distintos países, de sus inversiones, de sus exportaciones, y finalmente a través de la libertad de circulación de hombres y capitales.

Es evidente que esos objetivos económicos sólo podían ser alcanzados con una estructura política nueva.

No pensábamos tener que empezar por la federación europea. Pero la convergencia de dos categorías de problemas (franco-alemán y europeo) nos ha llevado a considerar una solución concreta susceptible de dar respuesta a ambas preocupaciones.

No podíamos pretender acometer enseguida la prospección simultánea de todos los sectores de la economía europea. Debido a las complicaciones técnicas y a la falta de preparación de los espíritus, era necesario proceder por etapas, elegir.

Un campo se nos ofrecía para esa experiencia parcial: el del carbón y del acero; nos parecía que reunía todas las condiciones de un logro técnico y de una eficacia a la vez política y económica. Objeto de duras rivalidades en el pasado y hasta 1950, se prestaba a una cooperación pacífica y constructiva.

Estas dos industrias clave no contaban, en efecto, más que un número relativamente restringido de empresas (un millar en los seis países de la Comunidad), utilizaban los mismos métodos de explotación, empleaban una mano de obra relativamente poco numerosa y uniformemente especializada. En todos los países productores el utillaje era similar pero desigualmente modernizado. Eran independientes del clima y de las costumbres locales a diferencia de la agricultura, por ejemplo. Su coordinación parecía, pues, posible sin excesivas dificultades.

Interesaba al productor y al consumidor posibilitar el acceso a estos dos productos indispensables en las mejores condiciones y en un mercado muy extenso. La ampliación de este mercado era una garantía de expansión económica y de elevación del nivel general de vida; hacía posible un mejor reparto de los productos al facilitar el abastecimiento y la exportación y, en consecuencia, disminuía los riesgos de sobreproducción y de paro.

La producción además podía ser racionalizada en sus métodos y equipamiento, gracias a una especialización de las empresas, a un reparto de las tareas y de las inversiones en el ámbito de un mercado ampliado.

A través de estas perspectivas de orden económico, vislumbramos ante todo las ventajas inmediatas derivadas de ellas para el ámbito político.

Concluir una unión duradera y controlada en relación con el carbón y el acero es, en efecto, privar a cada uno de los países así asociados ya no solamente de la posibilidad de entrar en guerra sino de prepararla contra los otros asociados; porque no se entra en guerra cuando ya no se tiene la libre disposición de la energía y del metal, que se encuentran en la base de toda empresa de esta clase.

* * *

Una vez encontrada y bien sopesada la idea directriz, se trataba de hacerla realidad. Ello se realizó en un tiempo récord: el tratado se elaboró y firmó en menos de un año.

Permítaseme subrayar aquí los méritos excepcionales de un hombre, él mismo excepcional, mi amigo Jean Monnet. Fue Jean Monnet quien con sus colaboradores, en un pequeño hotel de la calle Martignac, esbozó en algunos meses, sin publicidad, sin que lo supiera el público e incluso el Gobierno, la idea de la comunidad del carbón y del acero.

Sabíamos que esta idea levantaría desde el principio, especialmente al principio, dudas e incluso cierta hostilidad. Emplear los métodos ordinarios de múltiples consultas previas nos hubiera llevado a innumerables e infinitas moratorias.

Correspondía al ministro de Asuntos Exteriores otorgar su patrocinio y garantía, asumir los riesgos políticos de la iniciativa. Más preocupado por los temas políticos, estaba acostumbrado a confiar en los especialistas para los aspectos técnicos de los problemas, reservándose la responsabilidad de escoger a los hombres, de aceptar o rechazar sus conclusiones y defenderlas en el seno del Gobierno o ante el Parlamento.

Y así fue como, en dos sesiones, entre el 3 y el 9 de mayo de 1950, el proyecto fue propuesto al Consejo de Ministros, que ignoraba completamente lo que se estaba preparando. En cinco días el gobierno francés fue informado y aceptó.

Antes de lanzar esa bomba necesitábamos saber qué acogida iba a recibir de los principales interlocutores. El principal interlocutor era para nosotros el Gobierno Federal, y por lo tanto nos habíamos asegurado, antes del 9 de mayo, el acuerdo de principio del Canciller Federal. Sin ese acuerdo nada hubiera sido posible.

Los otros gobiernos, británico, italiano, americano, los de Benelux, habían sido puestos al corriente veinticuatro horas antes de la proclamación oficial.

La sorpresa fue general. Nadie se esperaba una iniciativa de este género, ni en Francia, ni fuera de Francia, y especialmente por parte de Francia. Pude medir este estupor (y la palabra es demasiado suave), cuando el 10 de mayo viajé a Londres para una conferencia ya prevista desde algún tiempo antes. Sentí enseguida que nuestro proyecto había provocado frialdad en nuestros amigos ingleses. Jean Monnet me acompañaba. Dábamos precisiones sobre nuestras ideas, no solamente sobre las que habían sido desarrolladas someramente en la declaración del 9 de mayo, sino también sobre nuestros pensamientos, nuestras intenciones finales. Este intercambio de puntos de vista, primero oral, luego por notas, duró varias semanas. Pronto se hizo evidente que no se trataba de uno de esos «petardos» diplomáticos muy ruidosos pero desprovistos de eficacia. Esta vez iba en serio. Nos encontramos con una acogida muy diversa. Algunos laboristas —el Gobierno pertenecía todavía a ese partido— se mostraban entusiasmados por la idea que habíamos expresado y me dieron su acuerdo pleno y entero. Ésa fue la primera reacción. Sin embargo, después de reflexionar, nuestros amigos ingleses estimaron que ese proyecto difícilmente se adaptaba a la situación de su país y a la mentalidad británica.

Del lado francés esperábamos que Inglaterra podría adherirse plenamente a nuestro plan, quizás con algunos ajustes. Sólo nos dimos cuenta del enorme foso que nos separaba en el momento en que pedimos la convocatoria de una conferencia, a la cual solamente tendrían el derecho de participar los países que de antemano aceptaban el principio de una autoridad supranacional. La exigencia de este compromiso de principio condujo a una división de los ánimos. Sin embargo, desde el mes de mayo de 1950, propusimos a Gran Bretaña asociarse a la Comunidad con un vínculo puramente contractual, sin subordinación institucional.

El hecho de que Alemania se hubiese adherido públicamente y de que Francia hubiese decidido proseguir con su proyecto, incluso con este único aliado, conllevó la incorporación primero de Italia, luego de los países del Benelux, informados entretanto con precisión de nuestras intenciones y concepciones.

El 20 de junio de 1950, es decir solamente seis semanas después de nuestra declaración del 9 de mayo, se abría una importante conferencia bajo la presidencia del Sr. Monnet. Estaba compuesta por las delegaciones nombradas por los seis gobiernos. Cada delegación venía a exponer y confrontar libremente concepciones distintas, sin estar presa de rígidas instrucciones y sin considerar que su tarea esencial consistía en la áspera defensa de los intereses nacionales. Estas delegaciones estaban reunidas alrededor de una misma mesa con la voluntad de colaborar en una obra común, de construir juntos un edificio supranacional en el cual los intereses nacionales se unirían y se soldarían. El estrecho punto de vista particular fue sustituido en todos por un verdadero espíritu de cooperación y de comprensión recíproca. Ese cambio de atmósfera constituía por sí solo un inmenso progreso.

Tan verdad era que, por ejemplo, el gobierno francés no había dado instrucciones precisas a su delegación.

Le dejó total libertad, y estaba simplemente en contacto con ella, quedando a su disposición para proporcionarle, si lo pedía, informaciones o apreciaciones. La delegación tenía el derecho de acudir a todos los servicios administrativos interesados para conseguir las estadísticas, los asesoramientos de orden jurídico y técnico que necesitara para sus trabajos. Representantes de estos servicios integraban esa delegación, en particular personal del Ministerio de Asuntos Exteriores, de las direcciones de la siderurgia, del carbón, de las finanzas exteriores del Tesoro. En cambio, los ministros técnicos no estaban representados como tales y no intervenían a ese nivel de la discusión. La delegación consultó otros servicios y personas privadas a medida que los fue necesitando.

Se planteó un problema delicado: ¿cómo establecer y mantener la relación entre la delegación y los representantes de los intereses privados? Los intereses privados, es decir, los patronos, propietarios de las distintas empresas siderúrgicas, las minas de carbón nacionalizadas, los asalariados, los consumidores, los distribuidores. Nuestro plan preveía que todos los interesados debían tener su sitio en la futura estructura, no únicamente los productores y los asalariados. Por primera vez en el plano internacional se tuvo en cuenta los intereses de los consumidores. No hubo dificultades con respecto a los trabajadores; los sindicatos se adaptaron perfectamente a este método. Se les consultó desde el principio salvo a los sindicatos de la CGT, quienes, después de dudarlo inicialmente durante quince días, se negaron a toda colaboración. Todos los sindicatos no comunistas han participado activamente en la elaboración del tratado. Sin embargo no faltaron ni críticas ni recriminaciones. Las asociaciones patronales se quejaban, hablo únicamente de Francia, de no haber sido suficientemente consultadas por la delegación y de encontrarse ante hechos consumados. No quiero investigar en qué medida estas críticas tenían fundamento. Hubo ciertamente defectos de conexión; quizás cierta incompatibilidad de caracteres. Pero debo reconocer que, cuando el trabajo se hizo y los textos fueron consagrados por el tratado, una leal colaboración se había establecido entre todos los interesados.

Tampoco el Parlamento francés estaba satisfecho. Como ministro de Asuntos Exteriores mi actuación se cuestionaba. El Parlamento francés quería haber estado informado, día tras día, diría yo, sobre el estado de los trabajos. Eso era técnicamente imposible. Cuando se elabora un texto tan largo y complicado, no se puede plantear el someterlo cada día a dos asambleas. El Parlamento dudaba en tomar una decisión rápida. El poder de la indecisión parlamentaria es tan grande que toda intervención prematura a nivel de la preparación dificulta la marcha de los trabajos. Pensé, pues, que si queríamos lograr nuestros propósitos debíamos arriesgarnos a herir ciertas susceptibilidades y provocar impaciencias comprensibles. Hacía falta terminar el proyecto en un tiempo mínimo. No podíamos, por retrasos, dejar pasar una ocasión que probablemente no se volvería a presentar nunca más.

Por otra parte, no había ninguna dificultad desde el punto de vista constitucional: el gobierno negocia sólo los tratados y en este caso no se trataba de una negociación propiamente dicha, sino de la elaboración de un proyecto que sería sometido a los distintos gobiernos. Sólo al final, una vez los textos estaban a punto en su conjunto, intervinieron los ministros, reservándose una posibilidad de arbitraje —hablo siempre desde el punto de vista francés— en cuestiones de carácter político.

Los primeros Consejos de Ministros de los seis gobiernos reunidos tuvieron lugar el mes de marzo de 1951, o sea aproximadamente seis semanas antes de la firma. Hasta entonces las seis delegaciones hicieron su trabajo en paz, concienzuda y discretamente, en la calle Martignac, mientras cada una mantenía, como he dicho, contactos con sus gobiernos. Del lado francés, además, una comisión compuesta de ministros especialmente interesados seguía la evolución de los textos.

La firma del Tratado tuvo lugar el 18 de abril de 1951 en París. Su ratificación fue más lenta que su elaboración. Once asambleas parlamentarias (Luxemburgo es el único de los seis países que no tiene más que una asamblea) tenían que pronunciarse. Antes de la ratificación había que escoger la sede y los miembros de los distintos organismos. En contra de lo que pensábamos, la elección de las personas no presentó ninguna dificultad. En veinte minutos todos los miembros de todos los organismos estaban designados, porque teníamos conocimiento de la labor de casi todos y porque nos fiábamos de los gobiernos que los proponían. Pero la elección de la sede presentó grandes dificultades. A las seis de la mañana, después de una sesión dramática en algunos casos, con la ayuda del cansancio general, un «outsider» ganó provisionalmente ese derby: Luxemburgo.

El 10 de agosto de 1952, después del intercambio de ratificaciones, la Comunidad entró en vigor. El mismo día el gobierno británico acreditaba ante la Alta Autoridad un embajador especial permanente con la asistencia de una delegación de una veintena de miembros. Después, otras naciones designaron representantes permanentes u observadores.

Lejos pues de enojarse, los países que están fuera de la Comunidad intentan acercarse, entrar en contacto con ella, mantener ese contacto y preparar eventualmente —lo que sería nuestro deseo— acuerdos o asociaciones.

He aquí la primera realización efectiva en el plano de la unificación de Europa. La brecha queda abierta y se irá ensanchando sin remedio. Ésa era nuestra intención. Lo declaramos el 9 de mayo y no lo disimulamos.

En una época en la cual todo está en fermentación, hay que saber atreverse. La peor actitud en política es no saber decidirse o tomar decisiones sucesivas y contradictorias. No podemos ser veleidosos dispuestos a abandonarlo todo cuando surgen las primeras dificultades. No hubiéramos emprendido nada de no tener fe en lo acertado de nuestras ideas. Hoy tenemos la gran satisfacción de constatar que no se ha producido ninguna de las catástrofes anunciadas por nuestros adversarios. El balance sigue siendo positivo. Al contrario, nada nos conduce a pensar que nos hayamos equivocado. Las críticas más acerbas han callado. En nuestros días, no es frecuente que una iniciativa política de tal envergadura pueda desembocar tan rápidamente en tal resultado.

VIII. Servir a la humanidad es un deber igual al que nos dicta nuestra fidelidad a la nación

Algo ya se ha conseguido: los que se dicen europeos, o sea partidarios de una Europa unida, se han convertido en legión, al menos en los países donde las opiniones se expresan libremente. Es cierto que no siempre estamos de acuerdo sobre el modo de hacer esta Europa ni sobre el número de países participantes. Hay una Europa de seis, de siete, de quince y de dieciocho. En efecto, las iniciativas europeas son múltiples y se entremezclan a veces. Lo cierto es que el problema se ha planteado en no pocos sitios y que Europa empieza a tener algo más que un prejuicio a su favor.

Europa es para un número cada vez mayor de europeos la única salida posible, uno de los núcleos sólidos de una futura estructura política mundial.

Roma y Bizancio, socavadas por sus divisiones internas, murieron por culpa de sus estúpidas rivalidades. Si la Europa de nuestros días no ha alcanzado aún ese mismo grado de descomposición, está amenazada por un mal de la misma naturaleza. Su fragmentación retrasa su mejora; frente a los bloques rivales, las rivalidades entre las naciones europeas las agotan. No nos basta levantar un nuevo «limes», un atrincheramiento más allá del Rhin y alrededor del Danubio; sería una línea de defensa artificial e ilusoria. Las divisiones del ejército atlántico no constituyen, como lo fueron mucho tiempo las legiones romanas estacionadas en Germania, una barrera infranqueable. Nuestra seguridad no se limita a una cuestión de efectivos y de armamento. Nada de eso deja de ser importante y decisivo. Lo que cuenta por encima de todo es la cohesión de los pueblos que se agrupan detrás de esta línea de defensa, el vigor con el que saben aunar sus voluntades y coordinar sus actividades.

Los europeos se salvarán en la medida en que sean conscientes de su solidaridad frente a un mismo peligro. Europa tendrá que dejar de ser un conjunto geográfico de estados yuxtapuestos, demasiado a menudo enfrentados, para convertirse en una comunidad de naciones distintas pero asociadas en un mismo esfuerzo defensivo y constructivo. No se trata de un remedio temporal para conjurar un peligro excepcional, ni para cerrar una brecha en una muralla que se derrumba. Europa necesita vivir mejor poniendo en común la totalidad de sus recursos. Se tiene que convertir en una entidad activa, consciente de sus particularidades y organizándose en función de sus necesidades y de sus propias posibilidades, en un mundo que también deja de ser una masa informe y confusa que sólo se despierta cuando surgen conflictos esporádicos. Así la cuestión de Europa se plantea con independencia del peligro comunista o asiático, aunque ese peligro le confiere un carácter de actualidad y de urgencia. La angustia actual será la causa inmediata de una unificación europea pero no será su razón de ser. Europa será más o menos completa según las circunstancias contingentes en las que se constituya. ¿Podrá llegar a serlo? Nadie puede decirlo. No es una razón para retrasar el esfuerzo de unificación. Emprender es mejor que resignarse, y esperar alcanzar la perfección es una pobre disculpa para justificar la inactividad.

Un logro parcial no solamente tiene valor de demostración; es más que un precedente que se invoca y que anima, es un comienzo, un punto de partida para logros más ambiciosos. Se trata sobre todo de devolver a nuestras poblaciones la confianza en sí mismas, que no se dejen petrificar por el peligro, se trata de poner en común los recursos de nuestra civilización occidental a fin de erigir barreras contra la base de erupciones devastadoras, no de modo enloquecido sino siguiendo una planificación constructiva.

Europa ha dado a la humanidad su pleno desarrollo. Le corresponde mostrar un nuevo camino, opuesto al avasallamiento, por la aceptación de una pluralidad de civilizaciones en la que cada una muestre idéntico respeto hacia las demás.

El mayor problema de la paz reside en las relaciones entre Este y Oeste, entre el mundo occidental y el mundo soviético. Problema contemporáneo por excelencia, no sólo a causa de sus dificultades intrínsecas sino porque se conecta con todos los otros problemas pendientes: el de Alemania, el de Austria, el de los Balcanes, el de Oriente Medio y el de Extremo Oriente. Además condiciona todos nuestros gastos militares y, en consecuencia, nuestra situación económica y financiera. Podemos afirmar, pues, que si conseguimos establecer un *modus vivendi* duradero con el régimen soviético, no solamente habremos dado un paso decisivo hacia la paz sino que nos iríamos acercando al término de todas las inquietudes de origen social y político.

A causa de nuestro desacuerdo con la Rusia soviética, Europa y Alemania están divididas en dos, China continental mantenida fuera de la Comunidad de las Naciones, la Carta Magna de San Francisco reducida a la impotencia. Las iniciativas que hemos tomado y que debíamos tomar para organizar Europa, para normalizar nuestras relaciones con Alemania y Japón, no pueden llegar a conclusiones definitivas mientras Rusia no adopte una actitud más constructiva que su habitual veto y la guerra fría que ha concebido.

La guerra fría es el arte de alcanzar ciertos objetivos de guerra sin hacerla uno mismo; desgastar las fuerzas del adversario manteniendo el miedo a la guerra, provocando dificultades internas o conflictos con terceros, viciar el funcionamiento normal de las instituciones internacionales destinadas a salvaguardar la paz. La guerra fría especula con el cansancio provocado por una tensión continua. Un régimen de libertad tiene menos defensas que un régimen totalitario frente al peligro de un agotamiento nervioso porque en él las opiniones se expresan públicamente, no siguiendo servilmente órdenes oficiales, y porque la contradicción puede ejercer en él su acción corrosiva.

La guerra fría es incompatible con la voluntad sincera de paz que busca el acuerdo y en consecuencia todo el sosiego posible. Renunciar a la guerra fría no es solamente cambiar de táctica, haciendo uso de las facilidades de la propaganda para confundir al adversario.

No será suficiente hacer gala de una aparente buena voluntad, aceptar o proponer de modo espectacular negociaciones renunciando incluso a condiciones embarazosas. Habría mil maneras de dilatar las conversaciones, especialmente si se abordan sin suficiente preparación, aprovechándose de la complejidad y fallos de procedimiento, sería fácil imputar a los interlocutores la responsabilidad de los retrasos y las complicaciones, y explotar después, en caso de fracaso, las nuevas decepciones que inevitablemente reemplazarían las esperanzas que habían vuelto a nacer.

Ésos son nuestros riesgos. Pero también es posible —y ésa es nuestra suerte actual— que los pueblos sometidos al régimen soviético sientan y manifiesten una imperiosa necesidad de tregua, exijan un respiro después de haber sido mantenidos en alerta tantos años por imaginarios peligros de agresión. Es posible esta vez que se reconozca y admita que el interés común está en un acuerdo al menos provisional para dedicarse más a la reconstrucción y al bienestar general; la necesidad de dejar en duermevela el ideal revolucionario —no nos engañemos— seguirá siendo la esencia de la doctrina marxista que se pospondrá a las necesidades inmediatas, hasta el día en que las disensiones entre los Aliados, el relajamiento de su vigilancia y los errores de un capitalismo impenitente abran mejores perspectivas a la expansión revolucionaria. No queremos excluir esta interpretación de los acontecimientos más recientes.

En el caso de que esta hipótesis sea cierta, a todos se nos presentarán problemas de fondo que tendrá que resolver la paz. No solamente tendremos que encontrar fórmulas de espera que se limitarán a posponer las verdaderas soluciones, también tendremos que hallar las bases de un estatuto que pueda ser aceptado por unanimidad. Necesitamos, en particular para Alemania, una solución que haga posible su unificación por la vía de elecciones libres y en el marco de principios constitucionales que le aseguren la independencia de un estado soberano y las libertades de un régimen democrático, al mismo tiempo que las demás naciones, especialmente todos sus vecinos, Rusia y los países satélites incluidos, obtuvieran garantías contra toda veleidad futura de revancha o hegemonía. Eso implica la posibilidad para la Alemania unificada de adherirse a una organización pacífica de Europa tal y como los occidentales la han imaginado y sobre la que están dispuestos a explicarse con total franqueza. Una neutralización de Alemania, sin embargo, sería incompatible con la finalidad buscada; la prohibición de hacer una elección inmediata equivaldría, de hecho, a reservarle esa facultad para el momento en que fuera lo bastante fuerte para imponerla a todo el mundo.

El problema de Alemania, e implícitamente el de Europa, tendrá una solución satisfactoria no por un retorno al antiguo juego de intrigas y alianzas, sino por la creación de una gran comunidad accesible a todos, que ofrezca, no sólo en sus relaciones entre sus participantes solidarios sino también frente a terceros países, todas las garantías de un espíritu de pacífica colaboración.

No nos es difícil ver el camino que necesitamos recorrer para alcanzar la meta. Constatamos con angustia las inmensas dificultades que se alzan ante nosotros, quizás el tener que enfrentarnos, si no con la mala fe, sí al menos con la incomprensión o con una desconfianza invencible.

Las esperanzas a las que queremos aferrarnos se basan en el deseo de paz que cada día se afirma más claramente en los pueblos y que terminará por imponerse a sus dirigentes; en los verdaderos progresos realizados ya en la cooperación entre países antaño enemigos; en nuestra común voluntad de no disminuir nuestros esfuerzos; en aceptar realizaciones parciales hasta que nuestra paciencia y lealtad superen las dudas y resistencias.

La cuestión que se plantea es saber si una comunidad mundial es realizable y en qué medida. Hasta ahora hemos visto iniciativas parciales. ¿Podemos con suficiente eficacia soñar con alcanzar una organización mundial que incluya prácticamente a todos los países del mundo? En este punto hay que ver las cosas con toda franqueza, siendo realistas no sólo a la luz de las ideas que se puedan tener, sino también de las experiencias adquiridas, ya sea en el seno de la Sociedad de Naciones, ya en el de la Organización de Naciones Unidas.

La existencia de tal comunidad universal es más simbólica que real. Los lazos que unen los distintos países son a menudo ficticios, las divergencias llamativas. Más de una vez he asistido a reuniones de Naciones Unidas. Se habla sobre todo de los acuerdos que existen entre los países y es importante que se hable de ello, pero, si hubiera que limitarse a subrayar lo común, no ocuparía una sesión al año. Esta organización es necesaria y útil pero con la condición de no atribuirle una fuerza, una eficacia que no le corresponde. Puede servir de marco a arbitrajes y sanciones y aun así es muy raro llegar a conseguirlo. Tiene una acción preventiva que ya ha ejercido varias veces en conflictos locales, pero el organismo principal que debe asumir esta tarea, el «Consejo de Seguridad», se encuentra paralizado por el derecho de veto, que es un defecto de estructura, pero al que es difícil renunciar: no es posible someterse ciegamente a la ley del número en una asamblea compuesta por más de cien países tan divergentes.

Naciones Unidas tiene también otro campo de acción útil y muy necesario, en el que ha prestado grandes servicios, una acción de ayuda mutua: la intervención en favor de los países subdesarrollados.

Y sobre todo —y creo que es lo esencial— para no caer en la tentación de criticar con demasiada injusticia esta institución, siempre que no se exagere esta utilidad, es su mediación en contactos, en posibilitar los encuentros, en intercambiar ideas, en confrontar tesis y constatar prejuicios existentes. Ello puede no sólo conducir a cierta distensión sino que también puede preparar una disminución de las fronteras y prejuicios. Pero hasta la fecha —se puede lamentar pero es un hecho— los grandes esfuerzos para construir la paz se llevan a cabo fuera de las Naciones Unidas. Eso demuestra que la autoridad de la organización universal no es todavía bastante sólida, suficientemente establecida como para hacerse cargo de la solución de los problemas más difíciles y delicados.

Una verdadera comunidad supone al menos ciertas afinidades particulares. Los países no se agrupan si no sienten algo común entre ellos, y lo que por encima de todo tiene que ser común es un mínimo de confianza. Es necesario también un mínimo de intereses semejantes, sin ello se llega a una simple coexistencia y no a una cooperación. Para entenderse y construir una unión estrecha, no está prohibido en cierta medida ser singular, pero hay que asegurarse también de que existen suficientes lazos e ideas comunes. Servir a la humanidad es un deber similar al que nos impone nuestra fidelidad a la nación. Así es como nos encaminaremos hacia una concepción del mundo en que se abrirá paulatinamente paso a la visión y búsqueda de lo que une a las naciones y de lo que les es común y en el que se podrán conciliar lo que las distingue o las opone.

Europa se busca a sí misma, sabe que tiene en sus manos su propio porvenir. Nunca ha estado tan cerca de la meta. Quiera Dios que no deje pasar la hora de su destino, su última probabilidad de salvación.

La paz mundial no podrá ser salvaguardada sin esfuerzos creadores proporcionados a los peligros que la amenazan.

La contribución que una Europa organizada y viva puede aportar a la civilización es indispensable para el mantenimiento de las relaciones pacíficas. Siendo campeona de una Europa unida desde hace más de veinte años, Francia siempre ha tenido como meta esencial el servicio a la paz. No se hizo Europa, tuvimos guerra.

Europa no se construirá de golpe, ni por una construcción levantada de una sola vez: se hará a través de realizaciones concretas, creando primero una solidaridad de hecho. La unión de las naciones europeas exige que sea eliminada la oposición secular entre Francia y Alemania: la acción emprendida debe afectar, en primer lugar, a Francia y Alemania.

Con este fin el gobierno francés propone centrar inmediatamente la acción en un punto limitado pero decisivo:

El gobierno francés propone situar el conjunto de la producción franco-alemana del carbón y del acero bajo una Alta Autoridad común, en una organización abierta a la participación de los demás países de Europa.

La puesta en común de las producciones de carbón y acero asegurará inmediatamente el establecimiento de bases comunes de desarrollo económico, primera etapa de la Federación europea, y cambiará la suerte de regiones dedicadas durante mucho tiempo a la fabricación de armas de guerra de las cuales fueron sus más constantes víctimas.

La solidaridad en la producción, que de esta forma quedará vinculada, significará que cualquier guerra entre Francia y Alemania no sólo será impensable sino materialmente imposible. La institución de esta poderosa unidad de producción, abierta a todos los países que quieran participar en ella, llegará a proporcionar a todos ellos, y en las mismas condiciones, los elementos fundamentales de la producción industrial, sentará las bases reales de su unificación económica.

Esta producción será ofrecida al mundo en su conjunto, sin distinción ni exclusión, para contribuir a elevar de nuevo el nivel de vida y para el progreso de las obras de paz. Europa podrá con mayores medios proseguir la realización de una de sus tareas esenciales: el desarrollo del continente africano.

Así se realizará sencilla y rápidamente la fusión de intereses imprescindible para la constitución de una comunidad económica que introducirá el fermento de una comunidad más amplia y más profunda entre países opuestos durante mucho tiempo por divisiones sangrientas.

Con la puesta en común de las producciones de base y la institución de una nueva Alta Autoridad, cuyas decisiones vincularán a Francia y a Alemania y a los países que se adhieran, este proyecto sentará las primeras bases concretas de una Federación europea indispensable para la preservación de la paz.

Para continuar con la realización de los objetivos así definidos, el gobierno francés está dispuesto a abrir negociaciones sobre las bases siguientes:

La misión encomendada a la Alta Autoridad común será la de asegurar en los plazos más cortos: la modernización de la producción y la mejoría de su calidad; suministrar en condiciones idénticas carbón y acero al mercado francés, al alemán y al de los países miembros; el desarrollo de la exportación común hacia otros países; igualar en el progreso las condiciones de vida de la mano de obra de estas industrias.

Para alcanzar esos objetivos, partiendo de las condiciones tan dispares en que se hallan actualmente las producciones de los países adheridos de modo transitorio, se tendrán que tomar ciertas decisiones que implican un plan de producción y de inversión, con la institución de mecanismos para el igual reparto de precios, con la creación de un fondo de reconversión para facilitar la racionalización de la producción. La circulación del carbón y del acero entre los países miembros estará inmediatamente exenta de derechos de aduana y no podrá ser objeto de tasas de transporte diferenciales. Progresivamente surgirán las condiciones que espontáneamente asegurarán el reparto más racional de la producción al nivel más alto de productividad.

En oposición a un bloque internacional con tendencia a la repartición y explotación de los mercados nacionales con prácticas restrictivas y mantenimiento de beneficios altos, la organización que proyectamos asegurará la fusión de los mercados y la expansión de la producción[1].

---

[1] En el texto original siguen las indicaciones para entablar negociaciones con vistas a la conclusión del tratado de la Comunidad.

Apéndices

La Declaración de 9 de mayo de 1950*

La paz mundial no puede salvaguardarse sin unos esfuerzos creadores equiparables a los peligros que la amenazan.

La contribución que una Europa organizada y viva puede aportar a la civilización es indispensable para el mantenimiento de unas relaciones pacíficas. Francia, defensora desde hace más de veinte años de una Europa unida, ha tenido siempre como objetivo esencial servir a la paz. Europa no se construyó y hubo la guerra.

Europa no se hará de una vez ni en una obra de conjunto: se hará gracias a realizaciones concretas, que creen en primer lugar una solidaridad de hecho. La agrupación de las naciones europeas exige que la oposición secular entre Francia y Alemania quede superada, por lo que la acción emprendida debe afectar en primer lugar a Francia y Alemania.

Con este fin, el Gobierno francés propone actuar de inmediato sobre un punto limitado, pero decisivo:

«El Gobierno francés propone que se someta el conjunto de la producción franco-alemana de carbón y

---

* Pronunciada por Robert Schuman, Ministro de Asuntos Exteriores, en el Quai d'Orsay, Salón del Reloj, París.

de acero a una Alta Autoridad común, en una organización abierta a los demás países de Europa».

La puesta en común de las producciones de carbón y de acero garantizará inmediatamente la creación de bases comunes de desarrollo económico, primera etapa de la federación europea, y cambiará el destino de esas regiones, que durante tanto tiempo se han dedicado a la fabricación de armas, de las que ellas mismas han sido las primeras víctimas.

La solidaridad de producción que así se cree pondrá de manifiesto que cualquier guerra entre Francia y Alemania no sólo resulta impensable, sino materialmente imposible. La creación de esa potente unidad de producción, abierta a todos los países que deseen participar en ella, proporcionará a todos los países a los que agrupe los elementos fundamentales de la producción industrial en las mismas condiciones y sentará los cimientos reales de su unificación económica.

Dicha producción se ofrecerá a todo el mundo sin distinción ni exclusión, para contribuir al aumento del nivel y al progreso de las obras de paz. Europa podrá, con mayores medios, proseguir la realización de una de sus tareas esenciales: el desarrollo del continente africano.

De este modo se llevará a cabo la fusión de intereses indispensables para la creación de una comunidad económica y se introducirá el fermento de una comunidad más profunda entre países que durante tanto tiempo se han enfrentado en divisiones sangrientas.

Mediante la puesta en común de las producciones básicas y la creación de una Alta Autoridad de nuevo cuño, cuyas decisiones obligarán a Francia, Alemania y los países que se adhieran, esta propuesta sentará las primeras bases concretas de una federación europea indispensable para la preservación de la paz.

Para proseguir la realización de tales objetivos, el Gobierno francés está dispuesto a iniciar negociaciones según las siguientes bases.

La misión encomendada a la Alta Autoridad común consistirá en garantizar, en el plazo más breve posible, la modernización de la producción y la mejora de su calidad; el suministro, en condiciones idénticas, del carbón y del acero en el mercado francés y en el mercado alemán, así como en los de los países adherentes; el desarrollo de la exportación común hacia los demás países; la equiparación y mejora de las condiciones de vida de los trabajadores de esas industrias.

Para alcanzar estos objetivos a partir de las dispares condiciones en que se encuentran actualmente las producciones de los países adherentes, deberán aplicarse con carácter transitorio determinadas disposiciones que establezcan la aplicación de un plan de producción y de inversiones, la creación de mecanismos de estabilidad de los precios y la creación de un fondo de reconversión que facilite la racionalización de la producción. La circulación del carbón y del acero entre los países adherentes quedará liberada inmediatamente de cualquier derecho de aduanas y no podrá verse afectada por tarifas de transporte diferenciales. Progresivamente se irán estableciendo las condiciones que garanticen espontáneamente una distribución más racional de la producción y el nivel de productividad más elevado.

La organización proyectada, al contrario que un cártel internacional tendente a la distribución y a la explotación de los mercados mediante prácticas restrictivas y el mantenimiento de grandes beneficios, garantizará la fusión de los mercados y la expansión de la producción.

Los principios y compromisos esenciales anteriormente expuestos serán objeto de un tratado firmado entre los Estados. Las negociaciones indispensables para precisar las normas de aplicación se llevarán a cabo con ayuda de un árbitro designado de común acuerdo, cuya misión consistirá en velar por que acuerdos se ajusten a los principios y, en caso de desacuerdo insalvable, decidirá la solución que deba adoptarse. La Alta Autoridad común, encargada del funcionamiento de todo el sistema, estará compuesta por personalidades independientes designadas sobre bases paritarias por los Gobiernos, quienes elegirán de común acuerdo un presidente. Las decisiones de la Alta Autoridad serán ejecutivas en Francia, en Alemania y en los demás países adherentes. Se adoptarán las disposiciones adecuadas para garantizar las vías de recurso necesarias contra las decisiones de la Alta Autoridad. Un representante de las Naciones Unidas ante dicha autoridad se encargará de hacer, dos veces al año, un informe público a la ONU sobre el funcionamiento del nuevo organismo, en particular por lo que se refiere a la salvaguardia de sus fines pacíficos.

La creación de la Alta Autoridad no prejuzga en absoluto el régimen de propiedad de las empresas. En el ejercicio de su misión, la Alta Autoridad común tendrá en cuenta las facultades otorgadas a la autoridad internacional del Ruhr y las obligaciones de todo tipo impuestas a Alemania, mientras éstas subsistan.

La integración europea. Obstáculos y avances*

La expresión «Integración europea» en realidad no es ni un término ni una idea europea. Procede de vuestro país, es un producto importado, pero implica la solución de un problema que es específicamente europeo.

Nosotros los europeos fuimos conscientes de este problema inmediatamente después de la Segunda Guerra Mundial cuando nuestros países devastados y exhaustos tuvieron que hacer frente a la necesidad de reparar sus ruinas, de satisfacer las tremendas penurias de suministros, materiales y equipos y de reconquistar gradualmente su puesto en la economía mundial. A esto le siguió después otra preocupación, la de garantizar la seguridad de Europa, protegerla contra ulteriores convulsiones sangrientas y salvaguardar de ese modo la paz del mundo.

La misma guerra nos enseñó una lección: la de la solidaridad europea. Para todos quedó claro un hecho: que ninguno de los países de Europa podía

* Discurso pronunciado en la Universidad de Harvard, Cambridge, Massachussets, el 11 de junio de 1954.

recuperarse o defenderse a sí mismo por sus propios medios. Antes de la guerra la autosuficiencia podía parecer una propuesta factible. La ambición orgullosa, de modo especial en los regímenes totalitarios, era ser autosuficiente y negociar con otros países no sobre la base de la interdependencia —en un mercado libre donde los recursos y las necesidades se contrapesan y se equilibran unos con otros—, sino sobre la base de un sistema de intercambios calculados y controlados, en el que era más digno soportar la carencia que aceptar la ayuda de otros, porque el objetivo último era imponer la propia supremacía.

Nos hemos acostumbrado a admitir nuestras dificultades y deficiencias sin ninguna falsa vergüenza; esto no nos da, sin embargo, el derecho a convertirnos en mendigos profesionales. Hemos aprendido —o mejor hemos vuelto a aprender, porque ésta ha sido siempre una verdad cristiana— que los hombres están hechos unos para otros. La solidaridad, no sólo de los hombres sino también de las naciones, es la base de la fraternidad; esta última es a la vez un precepto moral y consecuencia lógica de la condición humana. Después de haber sido, por nuestros errores, los autores responsables de nuestra desgracia común, nosotros los europeos estamos forzados a reconocer que nuestros destinos ya no pueden seguir disociados por más tiempo, y que la ayuda y la cooperación de todos es indispensable para cada uno de nosotros. Tenemos necesidad unos de otros, aunque sólo sea para vender nuestras mercancías. La producción especializada y las innovaciones, enormemente costosas, se hacen a escala mundial; es muy probable que sólo procuren compensaciones suficientes cuando hay un mercado abierto para aquellos bienes que exceden ampliamente las necesidades nacionales.

La integración es la puesta en marcha más efectiva y más sistemática de esta solidaridad entre las naciones productoras. Es también el único remedio posible al cierre de los mercados del Este. El Telón de Acero, que ha partido Europa en dos, ha hecho que seamos conscientes de la urgencia de una organización más coherente y más disciplinada de la mitad occidental de nuestro continente. Es significativo que Rusia, cuyas políticas tanto han exasperado a nuestros alumnos, trata de obstruir cualquier esfuerzo de integración; lo que desea es mantener a merced suya una Europa dividida y debilitada.

Cuando, en 1947, Europa estaba al borde de la miseria y la anarquía, el Plan Marshall nos aportó una ayuda inmediata y sustancial. La iniciativa era a la vez generosa y clarividente, porque salvó la vida de millones de seres humanos, a la vez que restauraba la actividad económica que la guerra había interrumpido o arruinado completamente. Para este doble objetivo, el Plan Marshall hizo uso de una producción excedente. Administró no sólo el oxígeno necesario para mantener vivo al paciente, sino también una transfusión de sangre que permitiera al sistema recuperar fuerzas y funcionar normalmente.

Fue realmente en este momento cuando Europa comenzó a pensar en su futuro. Estaba forzada a hacerlo así por la necesidad de repartir proporcionalmente y utilizar la ayuda Marshall con el máximo beneficio. La Organización para la Cooperación Económica Europea debe su existencia a esta tarea transitoria. El Plan Marshall, al conducir a los países europeos hacia una colaboración permanente ha representado un papel educativo de primer orden. De ahora en adelante, todos los problemas económicos que interesan a los dieciocho países occidentales participantes, incluidos los neutrales como Suiza y Suecia, se abordan en las Conferencias de Ministros de carácter periódico y se estudian en un organismo común permanente.

Sin embargo, el vínculo que de este modo se ha establecido no constituye todavía una integración. La integración es la soldadura orgánica y permanente de lo que una vez fue independiente; la integración presupone la subordinación a una organización superior a una autoridad que se ejerce en común. Ni la OCEE ni el Consejo de Europa implican integración. Los Estados miembros de estas organizaciones retienen la plena soberanía, hasta el punto de que las decisiones se alcanzan por unanimidad; a ningún Estado se le puede obligar a tomar un compromiso contra su voluntad. De ese modo el derecho de veto es general.

A pesar de los grandes servicios prestados por estas dos organizaciones —que sería injusto subestimar— era necesario avanzar más.

Sin embargo, para explicar las dificultades de esta nueva etapa de la organización de Europa, os pediré que me perdonéis si ahora hablo en mi propio idioma, cuyas sutilezas conozco mejor[1]. Al fin y al cabo

[1] Schuman pronunció la primera parte de este discurso en inglés, y la segunda, que comienza con «Las dificultades a las que se enfrenta la integración europea...», en francés.

pondré así término a la tortura que vuestros oídos han sufrido hasta ahora.

Las dificultades a las que se enfrenta la integración europea son primera y principalmente de naturaleza psicológica. Como acabo de deciros la integración significa la renuncia de los poderes soberanos de uno en favor de una autoridad común. Pero durante siglos los países de Europa han luchado, se han empeñado en guerras sangrientas para conquistar su independencia y establecer su unidad nacional —que de hecho significa lo mismo—. Por esto no van a abandonar sin pesar y preocupación la mínima parcela de su autonomía: sería como repudiar todos sus ideales y gloria de antaño.

Para tranquilizarlos, uno cita ocasionalmente el ejemplo de los Estados Unidos de América que triunfó tan admirablemente al integrar —antes incluso de que estuviera inventada esta palabra— a cuarenta y ocho Estados soberanos en un sistema federal. Tenéis que admitir, sin embargo, que la situación era distinta y que este precedente no es incontestable. En lugar de llevar largos años de independencia a la espalda, vuestros estados, tras unos pocos años de lucha, acababan de liberarse de un régimen colonial; buscaban una fórmula para vivir juntos en el futuro e incluso ésta no era fácil e inmediata. Sólo después de muchas dudas y debates el espléndido armazón de vuestra Constitución, construida sobre los cimientos concebidos por Washington, Jefferson y Hamilton según el espíritu de su tiempo, se convirtió en vuestra casa común e indiscutida.

Consideremos, por otra parte, la evolución de los viejos países de Europa. No pretendo citar a Gran

Bretaña como si fuera un representante especial del espíritu europeo. Gran Bretaña es insular, cosmopolita, tradicionalista, desconfiada por instinto de cualquier innovación ideológica, pero también flexible para la adaptación de sus antiguas instituciones a las nuevas circunstancias, y llena de ingenio en la interpretación de costumbres no escritas. Gran Bretaña tiene un prejuicio invencible contra los textos precisos, casuísticos y rígidos que son la delicia de los juristas continentales; de la misma manera es hostil por principio y en todas las circunstancias a toda integración y —en nuestro sentido del término— a toda estructura federal. Su Commonwealth, que es la niña de sus ojos, y que tiene para ella precedencia sobre cualquier organización internacional, no es siquiera una confederación; pero es una realidad viva y eficiente. Ésta es la razón por la que dará a lo mejor su amable bendición, pero nunca su completa adhesión.

Respecto a Francia, durante cinco siglos, tanto como monarquía como república, ha modelado incansablemente su unidad sobre los escombros del régimen feudal y sobre la supervivencia de un cierto particularismo provinciano. La Revolución de 1789 y el Imperio establecieron definitivamente una autoridad soberana central dentro de unas fronteras definitivamente consolidadas. Y ahora se le está pidiendo que se vuelva atrás, por así decirlo, de su propio acuerdo para aceptar fusionarse y sumergirse en una comunidad que va de seis a quince países, mantenida en minoría, abandonada a merced de la falta de entendimiento o del despotismo egoísta de la mayoría. Incluso yo, que estoy a favor de la integración, os pido que os deis cuenta del enorme sacrificio que esta integración supone para mi país, para su orgullo nacional, para la legítima defensa de sus intereses nacionales, para sus tradiciones más queridas.

Alemania e Italia, por el contrario, no tienen los mismos prejuicios psicológicos. Su unificación tiene menos de un siglo. Las dos tienen una larga experiencia del sistema federal, es decir, de asociaciones de estados más o menos dependientes unos de otros. Para ellas es relativamente fácil transferir al nivel europeo su experiencia pasada del funcionamiento de tal sistema. El hundimiento del hitlerismo y del fascismo, por otra parte, hizo un barrido total de todas las instituciones anteriores. El camino está despejado para nuevas ideas. Y, en último término, ¿no estamos ofreciendo a estas dos naciones una oportunidad inesperada al permitirles, precisamente después de su derrota, asumir no sólo un papel nacional sino europeo, con derechos iguales y sin ninguna humillación que las discrimine? Y todo esto antes de que a Alemania se le haya otorgado un tratado de paz y antes de que tanto Alemania como Italia hayan sido admitidas en la Organización de las Naciones Unidas.

Os ofrezco estas reflexiones para que podáis entender lo diferente que se presenta el problema de la integración para Francia y sus vecinos y lo fácil que es para los que se oponen a su política explotar, en nuestro propio país, esta diferencia de situación, suscitar la inquietud y la susceptibilidad nacional. Es Francia, se nos dice, la que carga con el coste de toda la operación.

Por otra parte se han despertado ciertas emociones de resentimiento. Nuestros países tienen que asociarse con aquellos que, hasta ayer, eran sus enemigos. Las buenas intenciones chocan con los recuerdos dolorosos de la ocupación; todavía no se han curado todas las heridas. En un congreso reciente celebrado en Holanda se pudieron ver pancartas hostiles a la presencia de los delegados alemanes. En Francia, quizá más que en otras partes, hemos superado felizmente —y no sin mérito— estos sentimientos nacidos del rencor y la desconfianza. Pese a las provocaciones comunistas no se han producido incidentes lamentables ni en Estrasburgo, sede del Consejo de Europa, ni en París, donde en los últimos cuatro años ha habido delegaciones permanentes civiles y militares de Alemania y donde son recibidos y circulan abiertamente hombres de Estado de Bonn. Por el contrario se han establecido relaciones cordiales entre personas y grupos tanto franceses como alemanes, los cuales, por miles, cada año desde el final de la guerra, han intercambiado visitas y han organizado congresos y encuentros de todas clases. Los jóvenes, en particular, han manifestado un espontáneo y vivo interés en estos encuentros que son más valiosos que los viajes de placer, eliminan prejuicios y reúnen a la gente sobre la base de la comprensión mutua.

De este modo, paciente, lenta, profundamente, se está creando un ambiente propicio para asfaltar el camino hacia la integración. En esto el país, como conjunto, ha hecho más avances que nuestro Parlamento, que es más reticente, porque donde se puede concentrar más fácilmente el fuego de la propaganda desde la derecha y desde la izquierda es en el Parlamento. También nosotros tenemos grupos de presión, campañas de prensa, conferencias, interpelaciones que llegan al extremo de la intimidación y la calumnia. Ésta es la primera vez que han entrado en acción en el campo de la política exterior. No pasa un día sin que un miembro de Parlamento no encuentre en su correo al menos un folleto, un panfleto o algunas cartas exigiéndole que vaya contra la CED (Comunidad Europea de Defensa), apelando a su patriotismo y a sus sentimientos antinazis, a sus recuerdos de la Resistencia y la ocupación. Naturalmente, más de la mitad de estos papeles son de inspiración comunista y esto da pábulo a la reflexión de aquellos que, por principio, desconfían de todos los excesos de la propaganda, especialmente de la que viene de esa fuente.

Esta batalla psicológica comenzó inmediatamente después de la firma de los tratados de París y Bonn hace dos años. Está fundada en objeciones de naturaleza técnica, en una postura crítica básica que debe ser estudiada seriamente y que es susceptible de socavar convicciones aún vacilantes.

De hecho, es natural que un tratado como el de la CED, que persigue este objetivo y que lleva dentro tantas innovaciones, no puede ser perfecto en todos sus puntos. Sustituir las fuerzas armadas por un único ejército integrado, común a seis países, incluida Alemania, es de por sí empresa arriesgada. Este tratado es el resultado de 15 meses de estudio y negociación, llevados a cabo por seis Gobiernos, y por seis delegaciones civiles y militares. Es bastante fácil criticar ciertos detalles. El mismo tipo de críticas, expresadas con la misma crudeza son las que oímos en relación con la Comunidad del Carbón y del Acero. Nuestros empresarios de la industria se opusieron a él exactamente igual que lo hacen hoy nuestros generales. Los viejos empresarios en cada país son renuentes a aceptar innovaciones y se aferran a las fórmulas tradicionales. Sólo confían en lo que conocen, no les gusta el riesgo. Para ellos salirse de la rutina sancionada por la costumbre significa meterse en aventuras innecesarias. Les guste o no, tienen que aceptar los descubrimientos tecnológicos. Pero modificar la estructura del sistema de defensa, despojándolo de su carácter nacional y transformarlo en algo común a varios países, y esto por razones políticas, se considera una rendición reprobable e inadmisible.

Un francés sabe cómo poner en circulación grandes ideas, a veces incluso ideas revolucionarias, pero no le gusta abandonar sus costumbres, porque, por decirlo de alguna manera, son para él expresión de su libertad e independencia. Le gusta decir: «*Charbonnier est maître chez soi*». (Incluso el carbonero es un señor en su casa). Decir esto tiene significado siempre y cuando se sea carbonero. Pero ha pasado el tiempo de estos dignos especialistas, ha pasado de modo irreversible. Ser celoso de la propia independencia es natural y legítimo. Sin embargo, sólo somos verdaderamente independientes si no necesitamos de otros: pero si la independencia se convierte en fuente de debilidad, por nuestro propio interés tenemos que resignarnos a abandonarla. El espléndido aislamiento se ha convertido en un error, en una pretensión poco práctica, no sólo para Francia, no sólo para Gran Bretaña. Vosotros os disteis cuenta de ello, mis amigos americanos, valerosamente y justo a tiempo, en 1917 y en 1941; así salvasteis el mundo libre y probablemente también a vosotros mismos. El Pacto Atlántico sacó las conclusiones obvias de esta doble lección. Ahora los europeos tienen que encontrar su inspiración en él para sus necesidades específicas. La CED es la solución concebida y propuesta por Francia, firmada por otros cinco países y ratificada por cuatro de ellos.

Era necesario no sólo hacer plenamente conscientes a estos países de su solidaridad, sino también llevarlos a organizar su seguridad colectiva sobre un fundamento permanente e irrevocable para poner en común sus recursos y fusionar sus actividades e instituciones militares. En la Organización atlántica los catorce países aliados han renunciado ya a parte de su autonomía militar, por el hecho de someterse en tiempos de paz a un único mando supremo, de consultarse juntos respecto a su armamento y a su contribución de hombres y dinero. Sin embargo, esto no es suficiente en lo que respecta a Europa, un continente extremadamente roto y dividido. La cooperación europea, si quiere ser coherente y eficaz, necesita pasar de la fase de coalición a la de integración, integración no sólo del alto mando, sino de los estados mayores, de los cuerpos de ejército, de la logística, de los programas, de los presupuestos militares. De ese modo Europa está dando un paso definitivo hacia la unificación, en un campo donde el particularismo de cada uno de los países y su antagonismo han sido hasta ahora la fuente principal de nuestra debilidad común y de nuestras perniciosas rivalidades. Lo más importante es conseguir que Alemania participe en la organización de este singular ejército integrado sin la reconstitución de una Wehrmacht autónoma, que reciba órdenes de un Gobierno alemán y sea el instrumento de una política estrictamente alemana. Se entremezclarían divisiones compuestas únicamente por oficiales y soldados alemanes con divisiones francesas, italianas, belgas y holandesas, instruidas según los mismos principios, mandadas por los mismos jefes y usando los mismos servicios de intendencia, transportes y telecomunicaciones.

Este concepto es arriesgado; ha suscitado muchos problemas técnicos cuya solución ha sido estudiada cuidadosamente. Ha sido aprobado y reconocido como práctico y eficaz por el comandante supremo de la Alianza Atlántica que se hará cargo de este ejército europeo integrado, como elemento esencial del ejército de la OTAN. Por eso son infundados los escrúpulos que sienten los franceses hostiles a esta solución. Por supuesto, tiene sus riesgos. No hay innovación sin riesgo, pero la rutina se ha convertido de hecho en el mayor de los riesgos.

El Parlamento francés, por su parte, va a fijar su posición. Tendrá que decir si ha decidido ratificar los textos cuyos principios ha aprobado en dos ocasiones diferentes, en noviembre de 1950 y en febrero de 1952, o, si con su rechazo, pretende cambiar su política. Tengo confianza en que este debate final —en el que cada diputado pesará los pros y los contras según su conciencia— tenga el resultado de que Francia siga la trayectoria que ella misma ha elegido y que ha llevado a otros países a adoptarla.

Mi confianza está más que justificada cuando ya existe una organización europea que nosotros iniciamos y está funcionando hace casi dos años. Francia propuso la creación de una Comunidad del Carbón y del Acero el 9 de mayo de 1950; esta Comunidad entró en vigor el 10 de agosto de 1952. Tiempo récord si tenemos en cuenta que nuestros Parlamentos no tienen costumbre de alcanzar decisiones tan rápidamente; si consideramos que en este caso era necesario redactar un voluminoso tratado entre seis países, del que no existía precedente; que era forzoso conseguir su ratificación por once asambleas parlamentarias, vencer el escepticismo e incluso la hostilidad de los directamente implicados. Gracias a esto el primer mercado común europeo está ahora funcionando en beneficio de 160 millones de consumidores —exactamente la población de Estados Unidos—; se han abolido las barreras comerciales; se ha establecido una cooperación eficaz y llena de confianza en el sector importante del carbón y del acero no sólo dentro de la Alta Autoridad que vela para que se aplique fielmente el tratado, sino también entre los seis gobiernos, entre los productores, los trabajadores y los consumidores de los seis países miembros. El gobierno de Estados Unidos ha dado precisamente a la Comunidad un estímulo eficaz mediante un préstamo de 100 millones de dólares que serán destinados a proyectos en beneficio de la Comunidad como un todo. Indudablemente es necesario reorganizar y racionalizar la producción en el interior de estos seis países; cerrar instalaciones que ya no son rentables; coordinar, mediante una creciente especialización, todo lo que ahora lleva a duplicar esfuerzos y al despilfarro de nuestros recursos; trabajar para conseguir niveles más uniformes de impuestos y costos para que la competencia dentro del mercado común sea saludable y leal.

En estas condiciones, cuando se haya coincidido en lo esencial, la Comunidad será un factor de expansión de la producción y del consumo en los seis países, una fuente de bienestar generalizado. Pero incluso durante el primer año en que empezó a funcionar el mercado común, el comercio entre los seis países en carbón, hierro y acero subió un 22 por ciento; y la producción diaria está creciendo aun antes de que haya sido posible llevar a cabo un plan conjunto de inversiones.

Esta Comunidad es un punto de partida; no debe quedar aislada, no es un fin en sí mismo ni tampoco es autosuficiente. La integración europea debe continuar, y no sólo en el campo militar, que, por las razones que acabo de subrayar, es un problema separado y urgente; paso a paso, la integración tiene que extenderse al mundo económico y al político.

De ese modo van a surgir nuevos problemas, nuevas dificultades. ¿Estamos dispuestos a crear otros mercados fusionados, a abolir otras barreras proteccionistas? Antes de continuar por esta senda tiene que darse un mínimo de condiciones; los costos de producción, en especial, deben estar equilibrados en otros sectores además de los del carbón y el acero. Esto presupone, entre otras medidas, una revisión y adaptación, en el interior de las futuras comunidades, de la legislación social, de la imposición del Estado y la local, de los costes del transporte, de los salarios —y todo esto hay que hacerlo sin pérdida alguna de las ventajas del asalariado—. Estas reformas sólo son posibles si al mismo tiempo aumenta la productividad y se siguen modernizando los métodos y el equipamiento. Este efecto debe ser tarea conjunta del Estado, los empresarios y los asalariados. Ésta es una empresa formidable que exige un gran acuerdo hecho de audacia y disciplina en cada uno de nuestros países tan cruelmente probados por las guerras.

Sin embargo, sería un error pensar que no se han dado pasos en esta dirección. El Plan Monnet combinado con el Plan Marshall nos ha abierto dilatados horizontes y ha producido resultados considerables. Pero sería demasiado pronto todavía confiar esta tarea de renovación a órganos supranacionales, especialmente a una asamblea de naturaleza federal con poderes legislativos. La situación en los diferentes países es aún demasiado desigual para que asimilen dejarla en manos de una autoridad común. Provisionalmente, las iniciativas se deben dejar a los poderes existentes que acabarán por reconocer que el bienestar de cada país consiste en esta aproximación gradual de las leyes y las instituciones nacionales. No estamos aún preparados para soluciones impuestas desde fuera, sin nuestro previo consentimiento. El francés se rinde a la persuasión. Se inclina ante la fuerza de los acontecimientos y la experiencia; pero se niega en redondo a la intimación de sus amigos, por muy sensatas y justificadas que sean; le resultaría duro someterse a las decisiones imperativas de la mayoría. Con mejor gana se conformará a las recomendaciones que provienen, por ejemplo, de la Asamblea Consultiva del Consejo de

Europa en Estrasburgo, a las de una Asamblea Parlamentaria elegida dentro del marco de la Comunidad del Carbón y del Acero o de la de Defensa. Así se irá preparando el camino para sucesivos avances. Evitemos perseguir nuestras ambiciones originarias demasiado lejos y demasiado deprisa; la audacia en nuestras concepciones debe ir de común acuerdo con la cautela en los pasos. Sir Winston Churchill ha dicho recientemente que ahora, más que nunca, la virtud principal de los hombres de Estado es la paciencia. Esto es cierto también para los que no son ingleses, pacientes por naturaleza. «No se construyó Roma en una hora», decimos. Es verdad, en especial para la integración política. Tampoco a Europa la completará de un día para otro una generación que está acosada por tantos problemas a la vez. Esta generación merece confianza por haber reconocido la existencia del problema y haberse puesto manos a la obra para su solución, ya que ha diseñado los planos y excavado los cimientos. Ya no le será posible detenerse a mitad de camino. Europa se hará; se hará mas deprisa de lo que piensan algunos. Reconozcamos que son necesarias ciertas dilaciones, en beneficio tanto de un mayor éxito técnico como de una indispensable adaptación psicológica.

Los europeos convencidos os piden que confiéis en ellos. No siempre hemos dado la impresión de merecer esta confianza. En este preciso momento estamos corriendo el peligro de ver que perdéis la paciencia. Los mejores amigos de Francia están comenzando a dudar de ella. Se ha vuelto indecisa; pospone una y otra vez las decisiones, mientras que antes tomó las principales iniciativas europeas y continuó a la cabeza llevando a otros países consigo. La Cámara actual es la que ha ratificado por una amplia mayoría el Tratado del Carbón y del Acero; la que ha aprobado los principios de la CED con un voto de confianza en febrero de 1952; la que con sus votos de investidura ha dado a todos los gobiernos sucesivos poder y mandato para continuar esta política. ¿Por qué entonces estos retrasos actuales? ¿Por qué somos los últimos en ratificar la CED, con excepción de Italia cuya excusa es que tenía que celebrar elecciones generales? Nuestros amigos nos apremian; necesitan saber nuestra decisión final antes de poder determinar su actitud futura. Los adversarios de una Europa unida intensifican su propaganda y capitalizan nuestras vacilaciones.

No os he ocultado ninguna de las dificultades con que desde el comienzo han tropezado nuestros proyectos. Eran conocidas; las hemos discutido con libertad; en las votaciones previas las ha tenido en cuenta el Parlamento. ¿Han surgido nuevas consideraciones? ¿Han ocurrido acontecimientos imprevistos que alteren el aspecto de los problemas planteados?

Al daros con franqueza las explicaciones que debo a los amigos, no me detendré en la influencia que las constelaciones fluctuantes de la política interna puedan tener en la política exterior; no pretendo, y tampoco me sería posible esta tarde, iniciaros en los misterios de este baile de hombres, partidos y mayorías. Todo esto es importante; pero por encima de todo quiero llegar al fondo de las cosas.

La causa de nuestras incertidumbres —lo digo con énfasis y esto es esencial— no hay que encontrarla en algunas experiencias desgraciadas que hayamos podido tener y que pudieran habernos demostrado el error de nuestra concepción europea. Os he comentado los resultados verdaderamente satisfactorios obtenidos ya en la construcción de Europa y en particular en las relaciones entre Francia y Alemania. Nada ha ocurrido que desmienta nuestras expectativas, a pesar del encarnizamiento siempre alerta de los adversarios.

Es la proyectada CED, es decir la ratificación del Tratado de París y, en cierta medida también, del Tratado de Bonn, que ha de regular las relaciones futuras entre Alemania Occidental y las potencias ocupantes, son estos dos tratados los que han sembrado la ansiedad en el corazón de gran número de franceses. Éstos han visto los tremendos progresos conseguidos por Alemania durante los tres últimos años en la recuperación de su economía, progresos de los que está justamente orgullosa y que, de hecho, se deben en cierto modo a la política benévola de las potencias occidentales, incluida Francia. Las ciudades destruidas por los bombardeos aliados se están reconstruyendo con sorprendente rapidez, mucho más deprisa que las regiones devastadas de Francia. El marco se ha convertido en una de las divisas más fuertes de Europa, gracias a la reforma monetaria efectuada por los aliados, con ausencia de un gobierno alemán, que en ese tiempo no existía.

Alemania ha llegado a ser el acreedor de la mayor parte del resto de los países de Europa. Ha desaparecido su deuda externa al mismo tiempo que la imposición de las reparaciones. Sus fábricas devastadas o desmanteladas se están equipando al estilo moderno, a menudo con ayuda americana; no les faltan capital y créditos exteriores. El costo de fabricación de los productos alemanes, por regla general es más bajo que el de sus competidores. Alemania tiene menos preocupaciones presupuestarias que nosotros que, pese a la apreciable ayuda suministrada por Estados Unidos, tenemos que hacer frente a las exigencias de armamento del Tratado Atlántico, de nuestros territorios de ultramar y de la guerra en Indochina.

Teniendo en cuenta su contribución actual a los costes de la ocupación, Alemania está ahorrando anualmente la mitad de la suma del gasto militar de Francia, además del hecho de que sus jóvenes están libres de todo servicio militar.

Alemania, en resumen, está en pleno desarrollo y la rapidez de su cambio ascendente es de lo más impresionante a la vista del abismo en que había caído. En 1945 estaba postrada, incapacitada; hasta 1949 estuvo privada de un gobierno central; hasta 1950 de todo tipo de autonomía económica.

Francia, por su parte, continúa luchando con sus enormes dificultades financieras y sociales. Durante más de siete años Indochina ha sido la causa de una terrible hemorragia de hombres y recursos. El nacionalismo extremista en los territorios de ultramar ha sido fuente de amarga preocupación, a pesar de nuestra renuncia sincera a la vieja política colonial. Nuestros precios son demasiado altos y esto afecta cada vez más a nuestras exportaciones. Nos sentimos como si estuviéramos viviendo al día; nos preocupa el futuro; estamos abrumados por los problemas que nos asedian. Pese a los recursos extraordinarios que posee nuestro afortunado país; pese al genio de su pueblo, Francia da la impresión de haber perdido la confianza en sí misma. Junto a su tradicional y legítimo orgullo nacional, tiene a veces un gusto inmoderado por la autocrítica, una crítica que más que estimular las reformas puede paralizarlas. Siendo capaz de un prodigioso resurgimiento en los momentos más dramáticos de su historia, a veces da paso a un derrotismo que no está justificado por su situación real.

Ahora está pasando una crisis de este género, y además en presencia de una Alemania disciplinada, segura de sí misma. Se pregunta a sí misma con preocupación auténtica y vital si, en las circunstancias presentes, es capaz y está preparada para hacer frente a los riesgos de la libre competencia y cooperación sobre una base igual con una Alemania tan dinámica, dentro de una comunidad con Alemania que, al parecer, tiene buenas oportunidades de dominarla. ¿No estará Francia en la situación del domador de leones en la jaula con los leones?

Este estado de ánimo es una gran baza para el comunismo y la propaganda soviética. Éstos prometen una paz basada no sobre una Europa fuerte e independiente, lo que Rusia no quiere, sino en el acercamiento y la cooperación con el Este; Alemania reunificada, gracias a Moscú, quedaría neutralizada y de ese modo evacuada, armada, pero separada de Occidente para ser cada vez más atraída a la órbita del bloque del Este.

Realmente no tengo que demostrar ante esta audiencia que esa política contiene una burda falacia. Para que tenga éxito, presupone en los franceses un triple estado de mente: una desconfianza sistemática,